新造的人

從流淚谷到喜樂泉

何曉東——整理　藍復春——口述

生命記錄系列1

新造的人：從流淚谷到喜樂泉

整　　理：何曉東
口　　述：藍復春
編　　輯：洪懿諄、王怡之、張惠珍
封面設計：黃聖文

發 行 人：鄭超睿
出版發行：主流出版有限公司 Lordway Publishing Co. Ltd.
地　　址：台北縣新店市中正路102巷7號
No.7, Lane 102, Jhongjheng Rd., Sindian City, Taipei County 231, TAIWAN
電　　話：(02) 2910-8729
傳　　真：(02) 2910-2601
電子信箱：lord.way@msa.hinet.net
郵撥帳號：50027271
網　　址：http://mypaper.pchome.com.tw/news/lordway/

經銷

紅螞蟻圖書有限公司
台北市內湖區舊宗路二段121巷28號4樓
電話：(02) 2795-3656　　傳真：(02) 2795-4100

以琳發展有限公司
地址：香港北角屈臣道2-8號海景大廈C座5樓
電話：(852) 2838-6652　　傳真：(852) 2838-7970

Christian Communications Inc. of USA
9600 Bellaire Blvd., Suite 111, Houston, TX 77036-4534, USA
Tel: (1) 713-778-1144　　Fax: (1) 713-778-1180

2009年1月 初版1刷
書 號：L0901
ISBN：978-986-83433-9-9（平裝）

國家圖書館出版品預行編目資料

新造的人：從流淚谷到喜樂泉／何曉東整理；藍復春口述.
-- 初版. -- 臺北縣新店市：主流，2009.1
面； 公分. --（生命記錄系列；1）

ISBN 978-986-83433-9-9（平裝）

1. 基督徒 2. 見證

244.95　　97022102

謹將此書獻給

***

我已故的丈夫辜恩濃，
他對我的愛與恩情，無可比擬。

也獻給已逝去的大女兒辜蔚藍，
她伴我五十八載，我們同心配搭服事主，
並在主裡互相勉勵，彼此關懷。

盼 望

***

聖靈充滿我，報佳音傳喜訊，
使人得福。

神寶貴的器皿

二〇〇三年，我從中國大陸經過香港來到台灣，那時候，我正在為《走出毒界》一書尋找出版社。有一天早晨，我到中山北路訪問了中華神州差使會，在那裡晨禱會作見證。結束後，順便去中國主日學協會，買幾本我所著的福音小冊《萬能之鑰》，準備贈送給我過去幾個台大的老同學。

中國主日學協會過去曾出版很多我的書，可是以往的同工，都已經不在那裡了。我買了書之後，順便在櫃台前查問一下，目前我有哪幾本書再版，辜蔚琳姊妹就從裡面走出來，原來她就是現在的主編。我一見到她就很高興，我和中國主日學協會的關係曾中斷了多年，現在可以再接脈起來了，就把《走出毒界》的原稿給她過目，她願意出版，我們就簽下了合同。

辜姊妹還告訴我她媽媽藍復春女士有很好的見證，希望我回美國之後，可以去訪問她。我當時就想，我過去所寫過二十一個人的見證，都是比較特殊的人物，他們的事很引人入勝，其中有太保流氓、歌星、礦工，傳道人和受過苦難的人。至於一位普普通通的老太太，有什麼東西可以寫嗎？

二〇〇四年八月間，我到洛杉磯訪問一位女牧師吳色苑，她有很多的神蹟奇事，我在那裡待了一個禮拜，錄完音了，就和辜媽媽的大女兒蔚藍聯絡，去他們那裡訪問辜媽媽。我原不抱太大的希望，以為這位老太太的見證，大不了是一些日常瑣碎的事情，出版成一本小冊子送人罷了。卻沒有想到，我好像哥倫布一樣，發現了新大陸。

辜媽媽給人的第一印象，就是你看了她，心中會很快樂。想我單獨一個人，在海外幾十年了，沒有家，可是到了這個陌生人的家裡，就如同回到我幼年時代的家裡一樣。他們接待我無微不至，這種滋味我已經有幾十年沒有嘗到過了。

辜家實在是一個蒙主大大祝福的家庭，充滿著主的榮光。我在那裡住了一個禮拜，替辜媽媽錄音，深深覺得，她雖然不是牧師、不是傳道人，只是個平常信徒，但卻是個很特殊的人物，像這樣的人物，是很不容易見到的。她所做的工作，一般傳道人和牧師都做不到，她一見到人就向他傳福音，無論是在中國大陸、美國或台灣，只要遇見人，就向他傳。

她又有為人禱告的恩賜，很多人得疾病，甚至於不治之症，被她一禱告就都好了。她的工作要比一些全時間的傳道人都忙，她是憑著愛心去做的，別人只要見到她，心裡就有了平安和喜樂。最奇妙的是，在中國大陸，許多人見到她，都說她和一般人不一樣。因為她有從神那裡來的榮耀光輝，正如哥林多後書三章18節上所說的：「……好像從鏡子裡返照，就變成主的形狀，榮上加榮，如同從主的靈變成的。」

今天，教會正需要像辜媽媽這樣的人，福音才可能無孔不入，傳到那些全職傳道人所不能去的地方。她的工作場所是馬路上、地下鐵車廂裡、遊樂場所、飛機上、火車上，甚至於大公司和旅館裡。那裡的人不會去參加教會所舉辦的佈道大會，只有辜媽媽這樣的人，才能夠接觸到他們。

辜媽媽是中國舊禮教下面的犧牲者，在買賣式的婚姻制度下，被人騙去當奴隸，又被丈夫遺棄。她在前夫家裡，受盡了折磨，幾乎都活不下去了，但是神卻把她揀選出來，成為祂寶貴的器皿。當我寫這本書的時候，我往往和辜媽媽一起哭、一起笑，我希望這本書出版後，能鼓勵更多的平信徒成為傳福音的器皿。

何曉東

二〇〇五年二月廿六日

於俄亥俄州辛辛那提城

目錄

第一部

流離少女成長

在世上，你們有苦難；但你們可以放心，我已勝了世界。

——約翰福音十六章33節——

我的肺腑是祢所造的，我在母腹中，祢已覆庇我。

——詩篇一三九篇13節——

士共騷擾

窗外一片綠意，近晚的陽光透過窗櫺斜射在廚檯上，映著爐上燉煮的晚餐。停下手裡正在清洗的菜葉，望向窗外的一片亮，綠蔭下的草地漾著生機，後院的桃花李樹也為屋子帶來欣欣向榮的氣象，它們曾是相依半世紀恩濃先夫的最愛，而今存留的是一份思念。十年來，他的身影依稀，在後院裡，在記憶裡。

把踩在矮凳上的腳調整一下重心，這矮凳是為了配合比身材高一號的廚檯而特意準備的，只有踏在上面，才能邊洗東西，邊看著女兒把車開進門前的車道。這個習慣並沒有因為大女兒的過世而改變，只是如今多了一份傷感。

揉一揉辛勤工作八十幾年的手腳，思緒跌回六十多年前，留在老家的最後一夜；那是生命中第一次由自己作出重大決定，之後丟下自己的骨肉，離開熟悉的一切，投向不可知的未來。

而更早呢？一切是怎麼開始的？故事必須從頭說起……

※　※　※

我的故鄉在福建省長汀縣，長汀又名汀州，地處福建西部，距閩贛兩省邊界不遠。民國以來，中國沿海一帶的大城市都陸續現代化了，但是內地鄉村仍然保持古代流傳下來的風俗習慣，重男輕女的觀念很嚴重。

我剛出生時，祖父聽說又是個孫女，很不高興；三歲時，我被送到外婆家。外婆有一個兒子和三個女兒，但女兒都已經出嫁了，因此十分疼愛我，撫養我到五歲。

我的家鄉距離當初共產黨革命的大本營江西瑞金不遠。革命必須擴充地盤，長汀首當其衝，因此常有老共來家鄉倡導共產主義。

我家開設織布廠，又有許多畝地，父親是製作黃曆的，全鎮沒有人不認識，算是有錢人家，因此，被共產黨認定為土豪劣紳，窮追猛打。

一天半夜時分，共產黨來敲我家的門。當時父親已經逃亡在外，母親帶著三個孩子到附近躲起來，但還是被發現，問我們為何躲藏。母親告訴他們，因為孩子太小，會害怕。不久，共產黨把我家封起來，把我們趕到廟裡。後來親戚中有人加入共產黨，才將我們保了出來。

在外婆家的時候，每天早上我隨外婆上山砍柴，都要經過共產黨槍斃人的地方，感到十分害怕。九歲之前，我和母親一直生活在恐怖之中，因為共產黨時常半夜來檢查，我常常逃出去，躲到一個工人的家裡。

當時，我是個乖巧孝順的孩子，白天要上山砍柴，還要幫母親洗衣服，有時還替弟弟們做布鞋。大家相依為命，生活過得很辛苦。

共產黨佔據家鄉有四年之久，我過著疲於奔命的生活，有時候躲在水溝裡，有時候爬上屋頂，把屋瓦掀開，躲在瓦片中間。每回共產黨一來，糧食就被搜刮一空，大家都沒有飯吃。有的人吃樹葉，有的人吃米糠，米糠又粗又硬實在難以下嚥，餓得發慌時，虛弱到連動都不能動。

不久，國民黨政府全面剿共，打到家鄉這邊，共產黨就開始抓壯丁，在那些人身上別上徽章，等國民政府的軍隊一來，共產黨要撤退時，往往就把壯丁抓走。他們本來還要抓我父親，把他殺掉，還好父親早就逃到南昌去了。我還記得，我們逃到祖父母家時，沒有人敢收留我們，大家只好躲在水溝和蘆葦裡面。

後來國民政府收復了長汀，老百姓都很高興，還有人高呼：「天亮了！天亮了！」城裡也有人放鞭炮，我們全家人才敢回家。

不過，這個家已經面目全非。因為共產黨鬥土豪劣紳鬥了二十次，原來的家當早已被搜括一空，什麼都沒有了，一切都得從頭來過。

努力求學

十二歲時，我家附近有所樂育小學，學生當中也有女孩子，我就對父母說想去讀書，他們卻硬是不讓我讀。傳統社會，一向主張「女子無才便是德」，女人將來只要相夫教子，好好做家事就行了，讀書是沒有用的。

那時我年紀雖小，可是什麼都要做。我對父母說，家事我仍然照做，自己會想辦法抽時間讀書，於是不管他們答不答應，使自己跑到離家很近的樂育小學上學，學校打鐘我在家裡都能聽得到。

每天早上起床後，我先替母親煮稀飯、做家事，一聽到鐘聲響，就叫一位堂哥看守稀飯，自己跑去上學。在學校上完課後，又趕回家做家事。

共產黨走了之後，我家又恢復黃曆的事業。黃曆，在我們家鄉又叫它

「通書」，父親對此很有研究，他很會算天文，算哪一個月大、哪一個月小，哪一個日子好。父親的名氣遠近皆知，甚至遙遠的廣東梅縣人，遇上婚喪喜慶或蓋房子時，都不遠千里而來請教我父親。

父親幾乎整天都在算日子，從一月一直算到十二月，那時印刷技術很落後，往往要從晚上一直做到天亮。我常常陪父親做到精疲力盡，累得都哭了，臉上滿是黑黑的油墨。最忙的時候，必須從十月起一直做到過年，都沒什麼時間讀書。

白天我忙著做家事，晚上待大家都睡了，才能開始做功課，有時候母親半夜起來上廁所，問我這麼晚了怎麼不睡覺，就把燈熄滅。等她回房後，我又把燈點亮。我便在這樣的環境下，刻苦耐勞、埋頭用功，從二年級讀起，一直讀到四年級。

後來我不幸罹患瘧疾，不能上學，只好留在家中。到了該升五年級的時候，學校要我留級，不讓我升上去，我只好另謀出路，考上了長汀中學先修班——深俊小學，才順利升上五年級。那時候，我已經十五歲了。

受騙出嫁

在我們家鄉，有一戶胡姓人家，其中一個兒子不爭氣，吃喝嫖賭樣樣都來，還娶了一個煙花女回家當小老婆。

這個女人手段很厲害，一進入胡家，就掌握大權。她不能生育，便從鄉下領養兩個男孩子，也不讓她丈夫小胡先生進入原配太太的房間。當時家鄉的婦女都土里土氣，從來不打扮，但這個女人是從廣東潮州來的，燙頭髮、抹脂粉什麼都來，時髦得很，也潑辣得很，家裡沒有一個人不怕她，連小胡先生的祖母也怕她。

小胡先生的原配生了個兒子，名叫胡師杜。這個女人把他要過來當成自己的兒子，然後又到我家，約我母親在附近的一間廟見面詳談，向我家提親，希望母親同意將我許配給她的兒子胡師杜。

她說，她是個小老婆，如果能有一個書香門第的女孩子作她媳婦，她就可以提高身分。她對我父母說：「在胡家，我很有權勢。」

我母親回答：「不行呀！我女兒好不容易讀書讀到五年級，我怎麼能把她嫁出去呢？」

她說：「這個你放心！我雖然是小老婆，但在胡家的權力勝過大老婆。我會把妳的女兒當作掌上明珠，把她打扮得漂漂亮亮的，送她繼續讀書，一直讀到大學，甚至出國留學。」

母親被她的話語所騙，一心以為胡家很有錢，女兒嫁過去可以安心讀書，就對我說：「胡家和我們門當戶對，妳已經十五歲了，馬上就要十六歲，也該找個好婆家。妳這個婆婆，自己穿得這麼漂亮，一定也會給妳穿得漂漂亮亮；她還答應給妳讀到大學，甚至出國留學。」

我問：「那將來生下小孩，誰來管呢？」

母親就說：「那還不容易，他們會請奶媽幫忙。」

我們家鄉有個風俗，女孩子一超過十八歲，就不容易嫁得出去，所以一定非得在十八歲以內嫁出去不可。胡家祖父和我家祖父，都是地方上頗有名望的人，加上這個女人大權在握，向我母親提的條件都很不錯，於是母親對我說，如果我不嫁過去，到了二十歲就再也嫁不出去了。

那時的我一心想讀書，頭腦也太簡單、心思太單純了。心想，好不容易升上五年級，學業還沒完成就要嫁人，該怎麼辦呢？雖然不甘心，但要逃也沒有地方可去。

我去上學時，因為大路太遠，所以往往會抄捷徑走小路，每天都要經過一個菜園子。那時候，因為知道命運操縱在別人手裡，自己沒有選擇的自由，我常常一個人躲在菜園裡哭泣，感到孤立無援，後來也想不出什麼法子，只好聽天由命。

父母親答應這門婚事後不久，胡家來下聘，那天我仍然照常上學。

有人看到胡家人在我家進進出出，便問我：「你家在做什麼啊？那麼熱鬧！」我根本不理會，也不對別人說這件事。

那年我十六歲，逃脫不了命運的擺佈，只好糊里糊塗地嫁過去。當然！這樁婚姻是很隆重的，男方送來不少聘禮，到了迎娶那天，還請來一頂大花轎把我抬過去。

其實，胡師杜和我一樣，是個可憐蟲，他也不想要這門婚事。他那時讀的是長汀省立高中，在外面住校，每週六才回家洗一次澡。他不肯結婚，他父親就用皮帶抽打他、逼他就範。我們倆都是被強迫成婚的，都是舊禮教下的犧牲者。

受盡折磨

結婚的時候，胡師杜才二十歲，兩個人什麼都不懂。按照舊禮教，男女在新婚初夜就要發生關係，新娘初夜落紅，就表示是個處女，婚前沒有不貞潔的行為。但因為沒有人提醒我們，加上那天晚上兩個人都很疲累，一上床就呼呼大睡了。

隔天天一亮，婆婆就在房門前等著，要我把內褲拿給她看。她沒有看到紅色的痕跡，就一口咬定我是個賤貨，胡師杜也沒幫我講話，因為我不是他心目中的理想妻子，他將來還要另外選擇對象，於是便對我不理不睬，而婆婆則認定我早就不是個處女了。

第三天歸寧，胡家用玻璃做的洋轎送我回娘家。剛嫁過去時，我仍然照常上學，後來中日戰爭開始，日本飛機常來轟炸，我們要躲警報，婆婆對我說：「妳要躲警報，可以把嫁妝寄放在我這邊。」我很天真，不疑有詐，就這麼做了。

那時候，我年紀輕，個性又很活潑，長得也不錯，學校有很多男孩子主動找我說話。婆婆看了很生氣，罵我是賤貨，並且一直催促我生孩子。十八歲時，我生了一個男孩，婆婆看見有男丁可以替胡家傳宗接代了，就不希望我再生育。

讀完小學五年級，我跳級進入初中一年級的先修班。當時，丈夫已經中學畢業，進入廈門大學就讀，仍然每個禮拜回家一次，此時婆婆卻變本加厲，不准丈夫進我房間，也不准夫妻兩人講話。

婆婆雖然請了一個奶媽來替我帶孩子，可是從那時候起，就不許我再去讀書了。我說：「妳不是和我母親講好，小孩子由奶媽來帶，我可以一直讀到大學嗎？」

她對我說：「妳既然嫁過來，就是我們胡家的人，死了也是胡家的鬼。我叫妳不能讀書，妳就要聽話。孩子雖然有了奶媽，還是需要妳的照顧。」

婆婆的話粉碎了或讀書的夢想，心裡雖然難過，仍舊勉力自修，趁晚上大家都睡覺了，偷偷起來讀書。不過，當時窗子不是玻璃做的，而是紙糊的，只要用手指戳一個洞，就可以看見房裡的情形。她發現我晚上偷偷讀書，就把我的書本和筆都拿走，後來更限制我點燈。當年大家都用菜油燈，她每天晚上只倒一點點油給我，僅夠我洗臉和洗腳時用。

在婆婆的威權控制下，我一個人住在一間小房子裡。那時候的房子仍是傳統格式，一進門是個小天井，天井進去是一個大廳，左右都是房間。嫂嫂原先住在對面，但後來過世了。後面還有一棟房子，胡家祖父還在世時，和一個患氣喘的弟媳婦住在那邊。祖父很喜歡我，因為我的家世背景和他家門當戶對。

每次吃飯，我都要先經過一個有柚子樹的操場，再走過一個院子和一條巷子，來到胡家大廳吃飯，吃完再摸黑回去。夜風吹來，我房間外的柚子樹會發出「沙！沙！」的聲音。我就一個人住在那種陰森森的地方，晚上又沒有燈，每天都很害怕。

吃飯時，婆婆就將一把酸菜往我桌上一丟，說：「這就是妳下飯的菜！」她自己則吃得很好，因為她患有腦炎，每餐都要吃豬腸和雞，還有兩個丫頭在旁邊伺候著。婆婆很會使喚人，因為罹患腦炎全身痠痛，就要一個丫頭替她捶背，另一個丫頭煮東西給她吃，還要我背著孩子，來來回回到井邊提水給她洗衣服。衣服上都是她嘔吐出來的髒東西，非常噁心。

我的公公雖然怕她，但很疼愛孫子，往往把孫子抱在懷裡搖，搖到睡著後再抱回我的床上。這個舉動被我大伯看見了，卻說他父親在「扒灰」（與媳婦有染），婆婆聽聞，從此更變本加厲地對付我。她不許我出門，又不許我回娘家，還禁止家裡任何人和我講話，就連公公也不敢對此有所違逆。

我就像被軟禁一樣，天天被關在家裡，沒有自由，也沒有錢，連點燈的油都沒有。有一個收舊貨的麻子臉，常常來胡家。為了掙點錢，有一次，我把母親給我當嫁妝的衣服賣一件給他，被婆婆看見，她就抓住我的頭髮狠狠地打了一頓。父母知道後也愛莫能助，只能流淚，後悔讓我嫁錯了人家。

那個時代，中國女人是嫁雞隨雞、嫁狗隨狗，嫁錯了人，只能怪自己命苦。我在婆家受盡委屈，真的是叫天天不應、叫地地不靈；可是因為我的丈夫沒有虐待過我，我還是抱著一線希望，希望他將來對我好一點，日子雖苦，還是咬緊牙關忍耐下去。

胡家對面是蕭家，蕭太太死後，房子租給一個湖南人，我就偷偷替他洗衣服掙錢。這次我學到了教訓，一看到婆婆過來，就把衣服藏起來，不讓她看到，這才能賺到一點點錢。只是錢到了手，卻不能出去買東西。

有一次，我趁婆婆去廟裡燒香，偷偷跑回娘家，拿了一點油回來點燈。婆婆對這些油的來源感到奇怪，就更加嚴密地看守我。又有一次，準備吃飯時，我丈夫叫我去點燈，她突然沒來由地把我推倒在地，牙齒整個都跌壞了，所以我今天才會有假牙。

不久，我生了第二個孩子，是個女的。女兒生下來後，婆婆不願請奶媽，我既要帶孩子，又要替人洗衣服，還得提水、挑水。孩子帶到一歲多的時候，婆婆就把孩子送給別人當童養媳。

其實，她應該在孩子一生下來就把她送走的；這孩子我已經帶了一年多，有了感情，她才抱去給別人，讓我很痛心。我常常把孩子的衣服拿出來聞，又擔心孩子送過去會不會哭。有一天趁著去廟裡拜拜的機會，偷偷跑到抱走我孩子的家庭去看她。

孩子送走後，照顧婆婆的事就落在我身上。她一身酸痛，常要我替她捶背捶腿。那時候，我父母親只有四十多歲，母親又生了一個妹妹，在家坐月子。因為我是大姊，大弟就請我去幫忙，婆婆起先答應，我很高興可以回娘家一趟，可是她沒多久就變卦了，讓我空歡喜一場。

不久，我懷了第三個孩子，也是女兒。那個時代，生女兒幾乎都是倒楣的，女兒除了我以外，沒有人願意照顧。有一回，她病得快死了，發燒發到咬牙，我偷偷跑去鄉下問醫生，醫生要我拿茅草根回來煮給她吃，才救回她的小命。只是這孩子的命運，怕也是和她姊姊一樣。婆婆有了我生的第一個男孩後，再生的兩個女孩，她都不會留下。

丈夫外遇

胡師杜進入廈門大學後，環境充滿了新時代潮流，婚姻方面主張自由戀愛。沒多久，他就結交一位陳姓女友。陳小姐並不知道他結過婚、有孩子。兩個人相處得很好，而他也變得很久才回家一次，但我一直被蒙在鼓裡。

丈夫不常回來，我並不怪他，心想，只要他能好好讀書，將來有好前途，我的苦日子總會結束。因此，只要他回來，我總是想盡辦法對他好。由於我所有的嫁妝都被婆婆拿走了，手上只剩一枚金戒指，我曾經問他需不需要，當時他沒有接受；後來他認識了陳小姐，直到大學快畢業的時候，他向我開口要這枚金戒指，我就給了他。

我在胡家忍耐那麼久，苦了七、八年，就是盼望丈夫將來對我好。母親也教我，好漢不吃眼前虧，要是婆婆又來找碴兒，就要我往娘家跑。

有一天，婆婆又要打我，我趕緊躲回娘家。婆婆沒有辦法，就把我丈夫從學校叫回來，要他把我帶回家。他到我娘家時，母親正在炒米粉給我吃，他叫我不許吃，他說：「吃了對妳沒有好處！」我就不敢吃母親為我炒的米粉，而像一頭羔羊一樣，乖乖地跟他回去。

回到家後，婆婆站在我面前叫我跪下，當時雖然很不願意，但丈夫拉了一下我的衣服，我不想得罪他，只好跪下，讓婆婆百般地折磨我。

還有一次，婆婆病情嚴重，丈夫的祖母逼我去城隍廟，替這個女人求壽。我必須披頭散髮，三步一跪地到廟裡，祈求自己減一歲，把這一歲加給婆婆。當時我心裡想，凡是世界上所有的苦，我都受過了。

當婆婆知道我丈夫有了女朋友，正中下懷。她希望我得不到丈夫的關愛，就可以永遠作她的奴隸，伺候她一輩子。後來，丈夫把陳小姐帶回來給婆婆看，她很滿意地說：「好，你帶她到福州去結婚。」我丈夫就明目張膽地在學校送喜糖給同學們吃。

在婆婆認定胡師杜一定會和這位陳小姐結婚，而我則會永遠留在她身邊受她使喚後，對我的監控就開始放寬了，准許我可以自己出門。我一出去，先到對面蕭姓人家，他一見到便問我：「妳知不知道那個胡師杜已經走掉了？」

我說：「不知道呀！」

他說：「妳怎麼會不知道？我們喜糖都已經吃了，他和一位陳小姐馬上就要在福州結婚啦！」這些話聽在我耳裡，如同晴天霹靂。我苦苦地忍受折磨，就是盼望將來可以依靠他，才如此忍辱求生，現在卻連這一點點希望都破滅了。

我不甘心，打定主意，一定要全力捍衛自己的人生，於是不顧一切地寫了一封信到福州，託人轉給陳小姐。胡師杜在福州的時候，常常去戴仲玉先生的家裡，戴先生是當地青年團團長，我稱他的母親為姑婆，與他算是遠親，這封信就是託他轉交。當時我在信上寫道：

「陳小姐，妳也是個女人，我為了我的丈夫胡師杜，足足等了八年。他的母親百般折磨我，我都能忍受，就是盼望有一天他能救我脫離苦海。我相信妳是個心地善良的人，一定會同情我。」

萬里尋夫

我的外婆姓康，她唯一的兒子被共產黨捉去了，下落不明，後來外公也死了，家裡只剩外婆一個人，生活孤苦無依。我打算把小女兒託她撫養，如果把這個女孩留在胡家，遲早也會像她姊姊一樣被送走。於是我下定決心，利用婆婆放寬我行動的機會遠走高飛，離家尋找我的丈夫，不再留在胡家，繼續受婆婆折磨。

由於外婆很窮，家裡什麼都沒有，我多少要帶一點東西給她。一天晚上，我偷偷溜回胡家，從小屋的邊門進去，佣人知道我在胡家處境堪憐，都對我很好，就沒將此事說出去。我偷偷拿了一條棉被和一個臉盆，準備帶著小女兒同行。

那時，婆婆和我兒子住在樓上，兒子已經六歲了。當我拿東西的時候，他突然下樓來，一看到我就抱著我，哭著說：「媽媽，妳不要走，不要走！」他的小名叫發發，我說：「發發，媽媽非離開不可。我留在這裡，也沒有辦法養你。我去找你爸爸，將來一定會回來接你。」他還是不停地哭叫著。

我既焦急又不捨，說道：「你趕快上樓，才不會害到我。你奶奶下來看到我在拿東西，一定又會打我的。」但是他一直抓著我的手，怎麼也不肯離開。我拿了兩樣東西後，好不容易拉開發發的小手，匆匆從另一個門跑出去。

把小女兒和東西交給外婆後，我思忖著，如果坐客車離開長汀，得經由一條山路，這山路是單行道，客車走了四十里路就必須停下來，等對面車子經過後才可以繼續前行。胡家很可能在這個時候派人來把我捉回去。

那時候，剛好有一個姓陳的江西人開著貨車要經過長汀去福州。陳先生大學畢業，年紀很輕，在江西賣銅鐵為業，有一位女士正準備坐他的貨車到福州，因為她的丈夫在台灣省政府服務，當時她聽信傳聞以為台灣的女人很壞，怕丈夫被引誘，便想從福州過去台灣。

但貨車座位有限，我對她說：「妳一個人帶一個小孩走這麼遠的路很不方便，不如妳把座位讓給我。我也要去台灣，到了那裡若有什麼消息，我一定會告訴妳的。」於是她就讓我坐上了那輛貨車。

離開的那天早上，母親在門縫中目送我離去。父母自責把我嫁錯了人家，天天都在為我哭泣。母親很心痛，不知道這一別，何年何月年才能再相見。而離開家人的我，又何嘗不難過呢？

坐上了貨車後，只有一個同學來送我。貨車由長汀啟程，一直到天黑，才駛到永安附近的小陶。

支身踏上旅程，我就不再去想那七、八年來地獄般的生活了。我這個人就是這樣，在受苦的時候，天天哭泣；一旦離開苦境，就變得很快樂了。那時候我才二十二歲，年紀還輕，相信毅力可以突破一切。

到了小陶，我們住在一間小旅館裡，旅館極其簡陋，連房間的門都關不起來，我只好拿一根棍子把門抵住。陳先生人很好，一路照顧我，沒有一點失禮的地方，因此我即使一個人睡到天亮也不害怕。我吃東西，他也不要我付錢，連住旅館的錢都不讓我付。他說：「等妳不坐我車子的時候，我們再一起算吧。」

貨車開到永安後，陳先生對我說：「藍小姐，妳住旅館，我去住招待所，如果有船到南平，我會來告訴妳的。」於是我就哼著歌，很高興地跑出去吃碗米粉。第二天早晨，陳先生來了，告訴我有船去南平，又請我喝豆漿，連船票都替我付錢，我們就一起上了船。

他問我：「妳到台灣找誰？」其實在上貨車之前，我並沒有真的決定去台灣，經他這麼一問，就隨口說要找表兄。我在台灣的確有一位表兄姓葉，是我姑媽的兒子。

到了福州，陳先生叫了兩輛黃包車，他坐一輛，我坐一輛，車到了他家門口，他先下車，又對我說：「我家只有一個老母親，妳明天有事隨時可以來找我。」但我沒有問他家的門牌號碼和街名，而是直接去找戴仲玉，他住在東湖那邊。

戴仲玉見了我，氣沖沖地對我說：「妳丈夫真該死，有了這麼好的太太，還要去找那個姓陳的女孩子！」我就先在他家住下來。戴仲玉又告訴我，他把我的信交給了陳小姐，陳小姐看完馬上跑去找胡師杜，質問他：「你已經有太太和孩子了，為什麼瞞著我？」結果兩人因此取消婚約分手。之後胡師杜就去了台灣。

於是，我下定決心到台灣找胡師杜。我在戴仲玉家住了五天，後來戴仲玉要回長汀競選議員，正好有一位董參謀的太太要回台灣，戴仲玉便把我介紹給她，託她帶我到台灣，她也答應了。

董太太有兩個勤務兵，她把其中一位勤務兵的票讓給我，因此我沒花一毛錢，我便隨她上了那條船。台灣海峽的風浪甚大，船上的人全都吐得七葷八素的。船艙很狹窄，我睡在一塊桌子般大的鐵板上，只要一翻身就會掉在地上，但我心裡一點兒也不怕。

不認髮妻

到了台灣，董參謀派了一輛小轎車來接我們，董太太讓我坐上小轎車。我受到董太太的招待，在基隆港吃到很多美味菜餚，還有魚翅和海參。飯後就坐轎車到台北建國南路的董家。

我打算先去找葉姓表哥，他當時在市政府做事。董太太對我說：「妳表哥是個小職員，若住他那裡不方便，可以回我這邊來住。」

她還叫勤務兵帶我去市政府找表哥。那個勤務兵也不知道市政府在哪裡、要搭什麼車，我們邊走邊問，好不容易才找到市政府，但抵達時大家都下班了。正巧一位小姐走出來，我就問她，知不知道一位葉慕孟先生住在哪裡，她說知道，就領我去找表哥的住處。

表哥看到我，先罵我一頓：「妳來幹什麼？那個胡師杜，他根本就不要妳了。他早就知道妳會來找他，所以要同鄉一起拿錢出來，妳一來，就要送妳回長汀。」

我對表哥說：「我既然到了台灣，死也要死在台灣，絕不回長汀。」

他就問我：「那妳往後怎麼辦？」

我說：「只有看情形了。」但無論如何，我就是不願回去。

表哥又說：「這個該死的東西，妳替他生了三個孩子，他卻不要妳了，妳跟著他有什麼用呢？」

我在表兄家裡住了一段時間，胡師杜有一位堂兄聽到消息，特地前來看我。他說：「這個胡師杜，我要把他的頭砍掉，他怎麼可以把妳休掉？我知道他現在在嘉義市政府做事。」他說要帶我去找丈夫，於是我們就一起坐火車去嘉義。

到嘉義的時候，天都快亮了。我終於見到胡師杜，但他竟板起臉對我說：「我不認得妳！我讓妳住五天旅館，五天後妳一定要離開！」

他的堂兄就說：「她是你們胡家明媒正娶的，都已經有了三個孩子，你還不認得她？」

他說：「我根本就沒有追求過她，當然不認識她。」

他堂兄氣得要死，又說：「一個女人，在你家受了那麼多年的苦難，你媽媽不把她當人看待，今天她飄洋過海，萬里尋夫，你還這個樣子？」

可是胡師杜怎麼也不肯認我，我很害怕，躲在他同事房裡不敢出來，怕他會殺死我。他宿舍裡住了好幾個人。一個叫陳梅州，是局長；一個叫羅立庭，是個科長；胡師杜則是工商科科長；還有一個叫任有萬，他父親在我們家鄉是賣鴨子的。我就躲在任有萬的房間裡。

陳梅州對我說：「妳不要急，我們會勸他的。」這些人都是走路去上班，連著幾天，他們上下班途中都在勸他，可是胡師杜吃了秤砣鐵了心，就是不肯認我。後來陳梅州看不過去，就對我說：「妳這麼年輕漂亮，還怕嫁不到好男人？既然他不肯認妳，妳何必非跟他不可？」

我告訴他：「我是為了那三個孩子，因此，再苦都要忍受。」

但胡師杜天天都來逼我，什麼難聽話都說出口：「五天過去了，妳為什麼還不走啊？妳去賣笑也可以，跳海也可以，臥軌自殺也可以，我就是不會認妳。」

我不肯離開，決定與他堅持到底。在那些僵持的日子裡，我時常出外散步，或是和任有萬的母親一起玩紙牌。雖然難過，但我是個樂天派，不會把憂愁放在心裡。

羅立庭那些人都是光棍，他們看丈夫對我不好，就有人來吃我豆腐，要我替他們捶背。胡師杜不得不在他們面前假裝在乎我，叫我出去散步，並且藉機和我談離婚的條件。

他說：「我奉父母之命和妳結婚，從來沒有想要永遠作妳丈夫，妳跟了我有什麼用？總之妳一定要和我離婚。我是念政治的，將來要當縣長，妳沒有學問，和我不相配。」

但無論他怎麼說，我就是不肯答應。我說：「我為你苦了八年，你媽媽怎麼對我，你不是不知道，你要離婚，有沒有贍養費給我呢？」他說沒有。

我問：「那枚金戒指呢？你好歹也要還我啊！」他也沒有話說。

我又說：「那你要先供應我去台南讀師範學校，讓我有一技之長，將來可以謀生。」他也辦不到，逼得我沒有辦法，只能先跟他耗著。

他的同事們要我在宿舍裡面管伙食、買菜、煮飯，我就替他們做這些，並偷偷在菜錢裡扣下一點錢，用來看電影和打紙牌等消遣。

第二部

辛苦建立家室

耶和華的眼目看顧敬畏祂的人和仰望祂慈愛的人。

——詩篇卅三篇18節——

二度出嫁

後來我在報紙上看到「新營糖業公司」招考僱員，我就報名應試，不料竟然考取了，隔週便去報到。胡師杜萬萬沒想到像我這麼一個土包子、鄉巴佬，可以自己跑這麼遠的路去應試，並且考取大公司的僱員，於是他對我的評價開始提高了一點。他買了一塊衣料送我，鼓勵我要好好把握機會，把我當朋友看待，並要我對別人說他是我表哥。

我開始上班。當時公司裡外省人很少，除了我以外，還有一位翁小姐。起初我什麼都不會，感到很挫折，晚上就躲在家裡哭，後來慢慢做熟了，同事都非常喜歡我，科長等人還要幫我介紹男朋友。由於我和丈夫的事尚未了結，他們一打電話說要介紹男朋友，我只好溜之大吉。

上班上了一段時間，我遇見了辜恩濃先生。那時他只有二十七歲，專長是建築工程，正在替「新營糖業公司」蓋房子。他常常在招待所的食堂裡吃飯，因此我們有許多見面的機會。

之後有人正式介紹我和他認識。他第一次要請我吃飯，我不肯去。後來在福利社餐廳碰面，他又要請我吃飯，並說如果我不肯賞光，他就不坐下，我只好答應。當時我只是個小職員，平時伙食只有蔬菜、兩片肉和一碗湯；他是個工程師，又當主任，一叫就是一桌子的菜。

辜恩濃是個非常好的人，從來沒有交過女朋友，對我一見鍾情。那時本來有很多男士寫信給我，我都不回信，直到辜恩濃來信後，我就和他保持通信了。

他的辦公室在台中市，常常邀我到台中玩。有一次，我真的從新營坐火車到台中找他，辜恩濃辦公處有不少工作是我可以做的，於是我就幫他整理工程圖，做些行政雜務等，他苦苦留了我四、五天才讓我走。

後來我再回到「新營糖業公司」，主任因為我曠職好多天，就叫我不要去了。其實我是一個小職員，請三、四天的假應該沒有多大關係，但畢竟我也有骨氣，既然此處不留人，自有留人處。我要他們幫忙把我的行李都送到火車站，我就去了辜恩濃在台中的辦公處。

辜恩濃的業務很發達，台中機場的房子、新營糖業公司的中山堂，都是他經手建造的。平常，他有一個司機替他駕車，還有一個男工，並有一個女工替他洗衣服，於是我就待在辦公室當他的助理。

有一次，辦公處的同事故意捉弄我們，說是約我去日月潭旅行。不料到了上車時，三、四個人臨時變卦，都不去了，只留下我和辜恩濃。我們只好兩個人自行去玩，晚上住在日月潭的涵碧樓，那時遊客很多，只剩下一個房間，服務生就拿來兩張台灣人稱為「榻榻米」的疊蓆給我們睡。我們一人睡一張疊蓆，他是個正人君子，碰都沒碰我一下。遊玩之後，就一道回台中了。

當時我和胡師杜還沒有離婚。不久，因為某些緣故，我又回到嘉義。想不到和辜恩濃一同出遊的事竟被胡師杜知道了，他逮著機會，說我和一個男生去旅館開房間，要和我辦離婚。他說：「我已經有憑有據，妳如果不跟我離婚，我就可以告妳偷漢子，妳還要賠償我的損失。」

其實離婚是遲早的事，我再堅持下去對自己很也很不利，於是我們就在《新生報》上刊登一則離婚啟事。正式離婚後，胡師杜還替我改了一個名字，就是我現在的名字「藍復春」。

後來胡師杜以我表哥的身分和辜恩濃見面。胡師杜私下對我說：「這個辜先生是個好男人，妳可以和他交往下去。他年紀比我小一歲，是南京中央大學畢業的，我只是廈門大學畢業的，學歷不如他。」

此後胡師杜常來台中看我，他對辜恩濃說：「我來看看表妹，看她過得好不好。」辜恩濃是老實人，根本不會懷疑我們的事。胡師杜也一再鼓勵我和辜恩濃結婚，於是在民國三十七年，我終於和辜恩濃步入禮堂。

力拚流氓

結婚之後，我總算有了歸宿。由於辜恩濃在「新營糖業公司」還有工程，常常去那邊，沒想到那個主任竟故意破壞我們的感情。說來我也太不小心，搬家的時候，不慎把日記留在公司，被他拿到了，看到日記上有一段話，說我還有兩個小孩，我要永遠照顧他們，這段內容便被主任拿來作文章。

主任對我丈夫說：「你太太是結過婚的。」我丈夫說不可能。主任說：「怎麼不可能！她走的時候，還留下日記。我在上面看到她說，她有兩個小孩。」

丈夫聽他這麼一說，一整夜都睡不著。我知道這件事後，對他說：

「你真是太傻了，日記上說的那兩個孩子，是我外婆帶大的，她沒有人陪伴，就只有這兩個孩子。我想報答外婆對我的親情，所以才想幫她照顧這兩個孩子。」丈夫相信我，被我騙了過去。

民國三十八年，共產黨已經佔領大部分的中國大陸。辜恩濃公司的營造廠總部在上海，老闆決定關閉營造廠，遣散所有員工，還對他們說：「如果你們要創業，不能再用公司的名字，必須用自己的名字來做。」於是民國三十九年，辜恩濃在台灣開辦了「久聯建築事務所」。

那時候，全台灣的建築師只有四十幾人。辜恩濃拿到了一棟房子、一點金子和錢作為遣散費。他有個同事老劉，一起工作了五年，兩人的關係比兄弟還親，他們就一起合夥經營「久聯建築事務所」，建築師是辜恩濃之後。他們又開了一家營造廠，是用老劉的名字。

後來《中央日報》的房子被火燒掉了，當時的社長馬星野是我們的親戚。但他這個人做事很小心，怕給自己人做不穩當，就想要給別人做，但是重建工程標來標去，最後還是被我丈夫標到了。那時我還對老劉說：「你和我丈夫情同手足，知道他是個靠得住的人，這工程你們兩人務必要好好地做。你是營造廠老闆，我丈夫是建築工程師，我們需要共同開一個銀行戶頭，方便業務往來。」

我們當時住在南京東路的一幢日式房子，是我丈夫以前老闆給的。那時候兩個女兒出生了，一家四口住在一百零六坪的房子。劉太太一個人住在台中，後來老劉和我們商量：「辜先生，能不能讓我太太搬來台北，和你們一起住？我們只有夫妻兩個人，沒有小孩，我每次回台中，都要花好多錢。」我這個人一向單純，不疑有他，況且那房子的院子很大，偶爾有蛇出沒，女兒和我都很害怕，就歡迎劉太太來與我們作伴。

人心的詭詐是很難預測的，最信任的人，往往也是最不可靠的人。劉先生把從前老闆給的遣散費，加上現在所有的工錢，全部存入他營造廠的戶頭內，並私下刻了一個印章，只有他才能提款。工程結束後，我們要拆帳了，他卻說：「我都不想要分，你們為什麼要分？」

我說：「你有錢呀！我們沒有錢！」但他始終不肯把錢分給我們，想要自己獨吞。

我丈夫個性太老實，後來再次向姓劉的提出要分錢，他一直推卻。七個禮拜過去了，還是不肯把錢分給我們，看樣子，錢是拿不回來了，我們也就不想再和他們一起住下去。

我丈夫不會和人家爭，遇到品行不好的朋友，他寧可自己吃虧，把一切的東西都給他。可是老劉卻得寸進尺，常常欺侮我丈夫，甚至還動手打他。我就比較厲害，不願讓人踩在腳底下欺負。那時候我才二十四歲，年輕氣盛，就和那個姓劉的拚到底，甚至和他打官司也在所不惜。

由於我們所住的是日式房子，廚房和廁所是公用的，每次我進廚房，劉太太就故意拿菜刀在木板上大力地敲一下，嚇我一大跳；他們也常把廁所弄得很髒，等我去清理，想找麻煩。

有一天，我丈夫坐在日式窗台上，姓劉的在外面和一個朋友作勢在打架，我丈夫見狀就問他們：「你們是喝醉了酒，還是打著玩的？」沒想到姓劉的就走過來說：「我們不是打著玩，我們是要來打你！」我在旁聽到這話，就迎向他，問他想要怎樣，他還叫我丈夫不要怕老婆。我就說：「不錯，他就是怕我，你敢怎樣？」他看我來勢洶洶，也就不敢過來了。那姓劉的又常常威脅我，說市長是他什麼人，中山北路警察局局長又是他什麼人，我告訴他我誰都不怕。那時候我如果不強硬一點，我丈夫一定會被這惡棍逼得走投無路的。

姓劉的還常常亮出他的日本武士刀，想要嚇唬我們。我就對他說：「我不怕流氓，我若怕死的話，就不會一個人飄洋過海到台灣來了。」

有一次，我強烈要求他們都搬出去，雙方起了衝突。我丈夫個性溫和不會和人打架，那個姓劉的力氣比較大，加上太太和岳母也來助陣，我以一敵三，一架打下來，吃虧的當然是我，衣服被撕破了，又受了點傷。但是至少警告了他們，我不像我丈夫一樣好欺負，不是好惹的，他們若繼續欺人太甚，我一定會去告他們。

那時候，中央通訊社社長曾虛白先生，也是我們的鄰居，就住在對面，他常常來關心我們。老劉一家欺侮我們，曾虛白的夫人就叫我去驗傷，並向派出所報案。

有一天，姓劉的又要打我丈夫，我趕緊跑去告訴一名警察。警察說：「這個我不管，妳自己到派出所去說好了。」

這個警察常在巷口和雜貨店老闆下棋。老闆就問他：「你是警察，為什麼不管？」

他說：「那個老劉是個大流氓，我們也管不了，多一事不如少一事。」

事實上，那個姓劉的一見到這警察，就請他喝汽水、喝豆漿，警察怎麼會管？我只好坐三輪車去派出所報案，他們叫我去驗傷，我沒有驗，只是先報案，接著又去法院按鈴。那位法官名叫周定宇，我告訴他我今天被流氓打了，他就打電話去派出所，要警察把劉姓夫婦留在那裡，不可讓他們離開，派出所又問我開出什麼條件。

因為我告的是刑事傷害罪，不需跟對方講條件，只要依法而行。第二天，報紙報導了這個事件，在《新生報》上登的是「房屋糾紛」；《中央日報》上刊登的則是「劉××把辜藍復春，毆打成傷。」

官司整整打了十個月，判決結果下來，總算把姓劉的一家人都趕走了，但是我們一家身心都蒙受了極大的損失。我心中不禁感歎，這個世界，是個弱肉強食的社會，你不去爭自己的權益，就不能生存。

禱告得醫治

姓劉的走了之後，朋友就介紹一個人來租我們的房子。這個人在前面開布行，他和太太很會打麻將，天天拉我去打牌。那時候我年紀還輕，喜歡新鮮玩意兒，就學會了打麻將，覺得很好玩。可是我是初學的，比不過老手，常常輸錢。

五〇年代台灣很流行「標會」，大家都想藉此多賺一點錢。他們又要我參加「標會」，說能獲得多少好處，後來共有三十二個人入會，由我當會頭，不料卻被人倒會，被搞得好慘，損失了很多錢。

這時候，我們已經有三個孩子了。我丈夫的事業卻面臨青黃不接的窘境，沒去上班，常常帶孩子上街，遇到有人向他借錢說要去賣菜，我丈夫還是會借給他。巷口那個常和人下棋的雜貨店老闆，因為房東把店舖收回去了，沒店可開，我覺得他看起來挺老實的，就在附近找一個小店租給他經營，賣香菸和雜貨。

原來和雜貨店講好，一個月結一次帳，可是幾個月下來，他卻不和我結帳就跑掉了，那個向我們借錢賣菜的人也跑掉了。還有一個姓吳的，開水電行，我曾借給他四兩金子做生意，他做不起來，最後把我的錢全都賠光了。

我們作好人，反倒欠了一屁股債，只好把南京東路的房子賣掉，拿來還債。還了債剩下一點錢，就在永和買了一棟很小的房子。不過因為欠的錢沒有還清，債主又追來要債，逼得我又把永和那棟小房子也賣掉，最後在永和中興街落腳。

那時真是禍不單行。我就在那時候患了膽結石，需要開刀，於是住進台大醫院。醫院裡，有很多基督徒來傳道，向病人散發福音單張。我家五代都是信佛的，從沒想過要信耶穌，無論他們怎麼傳教我就是不信。但我有一個好朋友是基督徒，她來探病的時候，送我一本聖經和一些福音故事書給我看。

開刀後回到家裡，我想把身體養胖一點，喝了很多雞湯，可是沒注意到太油膩了，竟轉為肝炎，連走路都走不動，因為不舒服，常常要把手按在肚子上面。丈夫每次都陪我去看病，但病情一直不見好轉，後來又常高燒不退。當時我心裡想，我的肝炎一定很嚴重了。

深受疾病所苦的我，無計可施，就試著求耶穌。我說：「主耶穌啊，我知道祢是大能的神，我聽到人家都說，祢乃是全能的神。我為什麼不相信祢呢？因為我們家五代人都是拜佛的，所以才沒有相信祢。如今信佛對我沒有用處，也不能治好我的病；祢若能醫治我這個病，我好了之後，就一定相信祢。」那時我是那麼地無知，竟有條件地向神祈求。

第二天，我丈夫要帶我去看一位名醫，我說：「不必看私人醫生了，那要花很多錢，還是去台大醫院好了。」我們就坐三輪車去台大醫院。

我還問醫生：「你上次替我開刀，有沒有留下紗布一類的東西在我肚子裡？」

他說：「沒有啊！」

我說：「很多醫生都說我有肝炎。」

他說：「我沒有留下什麼東西呀！開刀的時候，什麼東西放在哪裡，我都要記起來的；開完刀，我還要再核對一下。」

我就問他：「那為什麼我的肝炎那麼厲害，一直都沒好？」

他說：「妳現在先不要吃飯，十二點鐘以後，我再替妳檢查一下。」

我就空著肚子等待檢查。檢查完之後，似乎有神奇妙的感覺湧現，人覺得舒爽不少，於是搭公車回家而不是坐三輪車。第三天去看檢查結果，根本沒有肝炎，我知道，耶穌已經醫治了我。我說過的話，一定要做到，從此以後便決志要信耶穌。

我的孩子裡，八歲的老四和六歲的老五常去永和中興街的一間教會上主日學，信了耶穌，有時會帶回一些圖片和主日學的教材等等。我也和他們一起去教會，在那裡信了耶穌。

我做事情絕不馬虎，既然信了，就要堅信到底，而且很認真、很虔誠。我在那裡感受到耶穌對我的愛，也愛那裡的牧師和會友們。

直腸開刀

我在永和中興街教會禮拜時，當時那裡的牧師是李鴻志，後來有人送了他五十坪地，他就到南勢角建立教會，我們也跟他一起過去。我向人借錢，幫他蓋房子，蓋到一半的時候，發不出工資，就和李牧師到樓頂上禱告。不久，有一位龔太太，自願借給教會兩萬元，我們趕緊拿來發給工人。

房子一共有三層樓，樓下是禮拜堂，二樓是牧師一家人住，三樓租給別人。最初開始聚會時，只有六個人，後來人數漸多，約有五、六十人。我們全家遷到大直後，仍然每週去南勢角做禮拜。

到末了，牧師的孩子一個個去美國，後來他自己也準備移民了。之後，我們一家改去大直的貴格會，牧師是周青選，此後我一直留在這間教會。

我們開放自己的家讓上帝使用，禮拜三常常有聚會。教會裡的執事、詩班，以及牧師自己，經常來我家聚會、唱詩，我就招待他們吃飯，一做就是十三個菜，每樣都用大盤子盛，席間賓主盡歡，所以他們很喜歡來。

後來，我罹患直腸癌。起初我以為是胃病，腸胃科醫生要我去灌腸，我不肯灌，就一直拖著。那時候，我的二女兒在「華美建築公司」作專員，認識一位麻醉科的王學仕醫生。有天二女兒向他請教：「我媽媽大便拉出來，都是黑黑的東西！」

王醫生聽了就說：「趕快送她去榮總，那裡的大腸直腸外科醫生王豐明是我的學生，剛從美國回來。」

我們就去找王醫師，他一做完肛門觸診，就說：「妳的瘤很大！」但是我不相信，又去找另一位洪醫生，他是位名醫，也說我的瘤有三公分，必須馬上開刀。我不願意開刀，但凡事似有定數，想躲都躲不掉，現在回想起來，這段求醫的過程相當奇妙。

因為榮總病房平常都是滿滿的，至少要等一兩個月，才有空的床位。我是禮拜五去醫院，但醫院卻很快來電話，問我在不在。他們說，我申請的病房很快就有了，要我馬上住進去。我告訴他們我不在，他們就追問我去哪裡，那時候我姑媽馬星野太太住在天母，我就回答他們我到天母去了。他們說：「那很好，這樣到榮總就更近了。」讓我沒有辦法再騙下去。

姑媽知道後對我說：「妳平時膽子這麼大，怎麼這麼怕開刀！瘤不拿掉怎麼行啊？」沒有辦法，只好硬著頭皮去了。

我住進醫院後，對醫生說：「明天我就要出去！」醫生說：「沒問題，明天就讓妳出去。」可是我一進醫院，他們就不許我出來了。

我住在榮總中正樓六樓，也不知道什麼叫癌症，他們都很佩服我，說別人來看病，都是愁眉苦臉，我卻十分喜樂，精神又好。護士給我打一針，是配合檢查胃的藥劑，但打錯了手臂的血管，痛得我死去活來，我心想：「沒關係，耶穌被釘十字架，比我還要痛苦許多倍呢！」

我仍然不認為自己有病，每天清晨六點就走到中正樓的操場，一面唱詩歌，一面禱告。每天早上八點鐘，醫生一定會到病房視察，卻找不到我。有一天，醫生晚上來看我，他說：「辜太太，妳這種病人好奇怪，早上八點鐘都找不到。」我不好意思說我在樓下禱告和唱詩歌，就說我去做體操，運動一下。他拍拍我的肩膀說：「妳明天就要開刀了，感覺怎麼樣？」

我說：「沒有問題。」

我一點也不知道害怕，我的大兒子不時守在旁邊，彈著吉他唱詩歌。那時候，南勢角的李鴻志牧師還沒出國，一大早就來看我，他說：「辜姊妹，我已經替妳禱告過了，我先出去吃點早餐，妳八點鐘開刀，我會到開刀房外陪妳。」

那天很奇妙，我從病房被推進手術室的時候，嘴裡一直唱著《基督精兵》這首詩歌，聖靈的感動十分強烈。我對護士小姐說：「妳不要怕，一定會很順利的。」

護士小姐說：「我真不懂，自從來醫院工作，只看過醫生和護士來安慰病人，怎麼妳反而叫我不要怕？」

我說：「沒有什麼意思，因為我把耶穌帶進來啦！有祂在這裡，你們的工作就會很順利的。」

到了手術室，家人都不能進去。兒子送我進去時，拿了一個小型收錄音機播放聖歌，又輕聲為我禱告，就出去了。護士小姐在我手臂上打了麻醉針，問我怕不怕，我說：「這有什麼可怕的？」

我仍然唱著詩歌，然後禱告：「主啊，大難要臨到我了，我要依靠祢，求祢與我同在，使一切順利，將來可以為祢作見證。」

禱告完了，我又唱詩，直至漸漸失去知覺。開刀時，我的丈夫和女兒都在外面，鄰居也在等著我的消息。

家人告訴我，那天麻藥退了以後，十點鐘，另外一間手術房的醫生走出開刀房，有一些人圍上去，問他情況如何，他不住地搖頭，那些人就哭起來了，看得他們也好擔心。一直等到中午十二點，替我開刀的醫生一走出來，就招呼說：「很順利，很順利！」全家人都很高興，這才放下心來。

本來直腸末端連接肛門的肛管是很短的，只有三到五公分長。醫生至少要切除六公分，如此腸子就無法接上肛門，必須在肚子上做腸造口的人工肛門。但我的直腸卻可以接上去，醫生都覺得很驚訝，這是三百個人中都找不到一個的。

我問丈夫：「我前面那個病人開刀後，醫生出來就搖頭，家人都哭了；而我的刀還沒有開完，你的心情又如何？」

他說：「我覺得妳很愛耶穌，我相信耶穌會為妳安排，所以我一點都不害怕。」

記得上回我膽結石開刀的時候，醫生把結石取出，看見膽囊沒有發炎，又把它放回去。我相信神在我身上所造的一切，祂都已經保守了。開過刀後，醫生說：「妳現在已經開過刀，沒有問題了，但還要做化療、打抗癌針。」

打抗癌針是非常難過的，會不停嘔吐。我打了三針，就不再打了，把針藥放在冰箱裡，因為這種藥很昂貴，也許有人還用得著，可以留給他們。

手術痊癒後，二女兒要去香港，我也跟她一起去玩，但卻要時常上廁所，因為直腸比以前短了。後來我們又去了韓國和日本。蒙主保守，我的身體一直很健康。每天早晨，我一定要去大直貴格會守晨更，禮拜三晚上有禱告會，禮拜天早上有禮拜，又參加詩班，把自己完全奉獻給神。感謝主，祂使我身體健康，在我身上行了許多奇妙的事，後來我決定受洗，由周青選牧師為我施洗。

榮總的醫生很負責，追蹤我的狀況長達六年。雖然我的身體怎樣，我自己一點都不知道，但我不需要別人照顧，一直在照顧別人，我根本不擔心癌症復發。一直到四、五年前，我才做過一次身體檢查。那次檢查，醫生問我距上次開刀多久了，我說已經十九年了，從來沒有再檢查過，醫生直說我太幸運了。

神給我的恩典何其廣大。

一肚子苦

我和辜恩濃育有二男四女，女兒都是北一女、北二女（現在的中山女高）畢業的，但大學都念夜間部。由於家裡經濟貧困，她們白天都要出外工作。我丈夫是南京中央大學畢業的工程師，很有才能，為什麼會變得這麼窮呢？只能說他個性太老實，只知道幫助別人，不知道為自己留下一點錢財。

南勢角的李鴻志牧師就對我說過：「辜姊妹呀，妳家裡有兩塊錢，就只能借給別人一塊錢。妳把兩塊錢都借人了，自己還要去向別人借錢，不是把自己也拖下水了嗎？」

我實在是太愚昧了，滿以為幫助別人，別人一定不會來害我們。但人心比萬物都詭詐，後來那些跟我借錢的人，果真都來害我們，讓我們一家人沒有飯吃。

有一段時間，全家過得好可憐，常常到處搜口袋，只搜到五角錢，怎麼買米呢？有時候收到支票不能馬上兌現，我就要想盡辦法調錢，才能付得出買米的錢。我後來才了解，神的意念高過人的意念，祂要把世界上許多的苦，都讓我嘗盡了，我今天才會顧念到別人的困難，真心幫助他人和愛護他人。

我不敢隨便向人借錢，就算是對姑媽，我也不敢開口。有一次，丈夫開出去的支票沒有辦法兌現，萬不得已，我寫信給表弟，那時他人在美國。我想，向姑媽、姑父借錢是不好的，向平輩借錢，以後再還他，總是比較妥當，就向他借了一百六十美元，希望解決眼前的困難。

表弟是個孝順的兒子，他寫信告訴父母這件事，我因此被他父母大大地誤會。姑媽寫了一封信來責備我，說我丈夫是個大學畢業生，又是名工程師，沒有理由會窮成這樣。我一面看她信上罵的，一面掉淚。她說我不顧家，天天在外面亂跑，但是她不知道我是出去奔走調錢。那次，我只借到一百三十美元，就被他們罵得比電視劇中最壞的女人還要壞。

當時，我丈夫在一名大建築師吳文熹的公司工作，薪水很高。可是吳老闆六十幾歲，卻娶了個二十八歲的舞女，公司裡的錢都被那個舞女拿走了，在仁愛路買了四家店鋪；吳老闆沒了錢，工資因此也發不出來。

後來，他拿到屠宰場和兒童醫院兩個建築工程，我們期待他可以把工資都發下來，那時候一共有四、五個人在等薪水。其他人沒有那麼多小孩，而我們一家有六個小孩，怎麼活下去呢？

因為錢都在那個舞女手上，我就去向她要，她卻說：「這不關我的事，是吳先生公司裡的事！」但是我丈夫一直不肯離開吳老闆，因為吳老闆手邊一有錢，只會發給沒有離開的職員們，不會給已經離職的人，即使無奈，我們也只好一直等下去。

有一天，我去他們公司，吳老闆一看到我就說：「辜太太，辜太太，我先給妳五千元。」

我就說：「吳老闆啊，五千元算得了什麼！你已經有三、四年都沒有發過薪水了，我們背了一身債。五千元算得了什麼呢？」

他回道：「妳先拿了再說吧。」

我回家後向丈夫和兒女說，禮拜一可以拿到五千元。可是到了禮拜一，報紙上登出新聞，吳文熹死了。據說禮拜天他到一個主任家打麻將，只打了兩圈，一高興就中風死了，而我們的五千元也泡湯了。

後來我丈夫到榮工處工作，榮工處的李處長對他說：「辜恩濃，你在我們榮工處，才幹都被埋沒了，你一定要去輔導會。」輔導會就借調他去，薪水則是拿榮工處的。

可是在輔導會，我丈夫是管工程的，包商常常不照他所畫的圖標去做，我丈夫又是個不會爭論的人，把一股子氣都悶在心裡，鬱積久了，後來竟患了腦血管堵塞的毛病。

全家歸主

我受洗後，常帶丈夫到教會，他也跟著信了主，但還沒有受洗。那時候他的血壓很高，常常暈眩，在輔導會上下班搭交通車的時候，因為眼睛會花，不能低頭看地，必須抬頭看天。後來他就病倒了。一直胡言亂語，不停地說：「再見，到此為止。」

有一天，早晨晨更的時候，我請弟兄姊妹們來我們家，為他禱告。周牧師就對他說：「辜弟兄，我們一起來禱告，我說一句，你說一句。」我丈夫就跟他一起禱告。

我們送他去台大醫院，神經科主治醫生林憲說我丈夫腦血管堵塞，馬上開藥給他吃，他吃了之後，病情慢慢有了起色。可是沒多久，他又開始胡言亂語：「完了，到此為止。」我們只好再送他去看醫生。

有一天，當我在洗茶杯的時候，突然聖靈充滿我，我感到非常喜樂；我的大兒子也和我有同樣的領受。從那天起，丈夫就安靜下來了，不再胡言亂語，病也一天天好起來。他出院後，我就要他受洗，他也聽從，由周牧師替他施洗。他也和我們去韓國和日本散心，把心寬一寬。

後來上帝在我們家，又做了很多奇妙的工作。

老四和老五在很小的時候就信了主，但那時老三還沒有信主。有一天，兒女們希望去石門水庫度假，連我大兒子的一個同學在內，我總共帶著七個孩子。

一天中午，二十一歲的老三去游泳，她本想在淺水中游，卻不知不覺游到深水那邊。老四和她當時的男朋友發現三姊不見了，但老四和老五都是近視眼，只有老四的男友視力好，他看到不會游泳的三姊怎麼在深水處練習閉氣，就游過去察看，一看不得了，發現三姊在深水處，就快要沒頂了，雙腳踩不到底，正伸手想大叫救命。

老四的男友一發現，趕快游過去救她，救上岸後已經臉色發白，不省人事，相當危急。我們焦急地禱告，本來真以為沒救了，但老四的男友始終不停地為她急救，不久她吐出水來，恢復清醒，一條命才救回來。為了撫慰他們受了這場驚嚇，我特別帶著大家去當地餐館吃名菜「活魚三吃」。那次事件之後，老三信耶穌，也受洗了。

幾個女兒信主後都很虔誠，在教會熱心事奉神，只有老二還沒有信主。一回她去白沙灣游泳回來，中暑呼吸困難，她就叫她的大弟為她禱告，禱告後，老二也完全好了，後來也是由周牧師替她施洗。老六曾經和老四、老五去上過主日學，但很少和我們去教會，後來又去當兵，後來他快要結婚時才受洗。

我的大女兒蔚藍，本來一直不肯受洗，直到移民美國後，有一天教會裡有好幾個人要受洗，沒想到那天周青選牧師也來了。她一看到周牧師，就說：「有周牧師，我也要受洗。」雖然沒有事先報名，也讓她受了洗。

現在，我的兒女們都已經受洗，他們都很虔誠。我們全家都歸了主。

辦理移民

賣掉永和的房子後，我們一直租房子住，可是房子太小、孩子又多，房子不夠住，搬家又困難，我就禱告：「主啊，求祢賜我們一棟房子。」一感謝主，自從丈夫在吳老闆那裡失去工作後，有段時間失業在家，後來去榮工處，單位配給房子，在大直的北安路。我們抽籤抽到了四樓，這是最後一棟比較大的房子，神給了我們，從此就不用再租房子了。

我的老三和她的丈夫都是中興大學畢業的。三女婿先去美國，是依他姊姊的關係；後來三女兒也去了，取得公民資格後，就替我辦移民，後來也替我丈夫和大女兒辦。我在一九八五年先一個人去美國。

還沒去之前，我必須先到美國在台協會申請綠卡。四女兒把我所有文件都準備好了，有次序地排在一起，誰知道那位胖胖的女職員，把我的文件亂翻一通，要我再把它排好；我也不知道該怎麼排，後來總算是排好了。她就給我一張單子，叫我填，是要蓋手印的。我問她是用中文還是英文，她說要填英文。

我不會寫英文，只好拜託旁邊的男孩子替我填。男孩陪女朋友過來，他只填了一半，就被女朋友拉走了。另外一半我找不到人幫忙，只好自己亂寫，把身高填在體重的地方，又把體重填在身高的地方。

交上去之後，我就動身來美國。這是我第一次出國，心裡有些緊張，就向主禱告：「主啊，在飛機上也要填一些表格，有很多地方我不懂又不會寫，求祢派一個人來幫我。」後來有一位男士坐我旁邊，公司派他到紐約出差，太太跟他一起出國，他把頭等艙的座位給他太太，自己坐經濟艙。

我向他傳福音和作見證，他很感興趣，航程十個多小時，我就和他講了十個多小時。他幫我填寫表格，讓我順利入境紐約。

那一張要蓋手印的表格很重要，我紐約的朋友說：「這張表是很重要的，妳不會填就不要填，絕對不能找別人代填。」我是一半別人填，另一半自己填，而且有些地方又填得不對，我就禱告：「主啊，這一張有五個指印的單子，到了移民官面前，求祢矇住他的眼睛，叫他看不清楚。」結果，排在前面的十幾個人都被退回重填，我竟然沒被刁難，真是神蹟。

到了紐約，我的三女婿又替我辦了一些手續，在那裡住了一段時期，因為台灣還有事情要處理，所以又搭機回台。

第三部

隨處傳好消息

殷勤，不可懶惰；要心裡火熱，常常服事主。

——羅馬書十二章11節——

我要一生向耶和華唱詩！我還活的時候，要向我的神歌頌！

——詩篇一〇四篇33節——

開始禱告和探訪

後來長居在美國，我一直住在加州洛杉磯、大女兒蔚藍的家，在當地一間華人浸信會聚會。我丈夫也很熱心，沒有一個禮拜天不去教會。可是我對他卻很虧欠，因為我要參加詩班，每次都把他留在一邊，沒辦法陪他坐在一起。

除了參加詩班以外，我還有一個負擔，就是出去探訪並為人禱告。我覺得自己有代禱的恩賜，我一面禱告，聖靈就一面感動我；我每次禱告、傳福音，都要花上一個多小時。

在美國反正也沒有什麼事情做，就常去探訪教會中身體不好的弟兄姊妹，為他們禱告。有很多年紀大的人沒有來教會，經過我探訪後，他們也都來了。他們對我說：「妳來探訪我們，不知道為什麼，我們的心就很快樂。」我只能說，是因為神與我同在。很多家庭，只要我一去拜訪，他們就非常高興；我離開之後，他們就和過去不一樣了。

我特別關心那些身體有疾病的人，像這樣的人，教會裡很多，我都為他們禱告。有一位高弟兄的岳母，她患有輕微中風，我去傳福音給她聽，為她禱告，她就接受了主；有一位鄭弟兄，醫生說他得了癌症，他年紀還輕，因此情緒惡劣。我很愛他，因為他很熱心地事奉神。他本來身體很胖，我為他禱告，後來就漸漸苗條了，身體也就好起來。

教會裡還有一位溫弟兄，體質孱弱，胃口不好，常常吃不下飯，也沒有力氣。聚餐時，他的盤子裡總是只裝一點點菜，沒有飯。他時常覺得頭昏腦脹，我就特別為他禱告。聖誕節時，教會有戲劇佈道，排演的時候，我看見他坐在對面牆角上，無精打采，就問他：「你為什麼坐在這裡，不去排戲呀？」

他說：「還排什麼戲，我頭昏昏的。」

我就說：「來禱告啊。」

他就把頭靠在我的肩頭上，我為他禱告。很奇妙，他的力氣立刻回來了，馬上站起來和我們一起排戲。現在他的胃口大開，可以吃一大盤的飯，又可以開車接朋友聚會並送他們回家。

又有一位弟兄姓雷，在教會中是詩班指揮，他長了十六年的牛皮癬，我看見他頭皮上和臉上，都長滿了紅斑點。有一天，他開車送我回家，我問他：

「你的頭怎麼會這樣？」他說他患了十六年的牛皮癬，又給我看手上的斑點。

有一天在教會裡，我問他：「你相不相信禱告有效？」

他說：「我當然相信囉。」

我說：「我來為你禱告。」

我為他禱告後不久，看見他的頭就很漂亮了，頭上的牛皮癬都沒有了，心裡很高興；但是他身上的牛皮癬還沒有完全好，我再為他禱告，要他去找一個好醫生，後來他身上的牛皮癬也全好了。

有一天，雷弟兄開車送我回家時，我問他是在美國人的機構做事，還是華人的機構做事，他說他現在沒有工作，我聽了很著急，立刻為他禱告。因為他有兩個孩子，沒有工作怎麼能養家？後來神就賜一個工作給他，是在比較遠的地方，他的太太後來也有了工作。

有一位鄭伯伯，為人慈祥、善良。他有嚴重的糖尿病，眼睛看不清楚，走路要拿拐杖，一共開過三次刀，但他依然很勇敢。他有一本很重的大字版中文聖經，我常常替他拿。

當時他已經八十二歲了，醫生又要他開刀，我就迫切地為他禱告，每天都為他禱告。開刀後，他很快就好了，走路也方便，變得更健康年輕。後來他自己家裡也有禱告會，此後就不用再開刀了。

有一位許老弟兄，他的太太是慈禧太后的孫女。太太在沒有和他結婚之前，什麼條件都答應，也答應會信主，婚後卻一樣都沒有做到，也沒有愛心。他太太過世後，剩他一個人，我看他一個人孤單地住在一棟大房子裡，只有兩三隻貓作伴，很可憐，兒子又常常不在家。他又患有嚴重的糖尿病，很多東西都不能吃，時常雙手發抖。我每次去，都按著他的腿為他禱告，感謝主，他的身體愈來愈有力量了，可以開車出去，現在一個人過得很好。他家離我們家很近，我也常做菜送給他吃。

後來我又了去紐約三女兒蔚秋那裡，也經常出去探訪、為人禱告和傳福音。有一位蔡姊妹，是從中國大陸來的，患了肺癌，我就迫切為她禱告。感謝主，在牧師及眾多弟兄姊妹的代禱下，神蹟發生了，她的癌症不藥而癒，後來教會週報上還刊登她的見證。

還有一位李牧師，他的太太患有甲狀腺毛病，心臟也不好，我就去為她禱告。她後來說：「辜姊妹，自從妳進到我家，我就覺得比以前好多了。」

另有一位魏太太，她的心臟開刀，只有百分之五的成功機率。我也迫切她禱告，她後來也康復了，在教會裡熱心事奉神。她很聰明，語言能力又好，能說英文、廣東話和國語，常在講台上作翻譯，神一直使用她。

有一位朱傳道曾說：「只要辜媽媽為我禱告，我就有力量。」有一次，他不小心坐倒在地上，尾椎受了傷，打電話要我為他禱告，我為他禱告後，他的傷就漸漸好了。

我的三女兒蔚秋有個張姓同學，他太太是現代名書法家梁寒操先生的女兒。有一天他們要來紐約，到了夏威夷的時候，他的腎臟痛得很厲害，就從夏威夷打電話來，要我為他禱告。我馬上為他禱告，不久，他的腎結石就從小便中排出去，平平安安來到了紐約。這是他自己作見證時說的，神的榮耀我決不竊奪。

又有一位王姊妹，我們一起參加紐約「金色年華」夏令會，在賓州舉行。我和王姊妹住在一間房裡，我們三個人只有兩張床，我於是睡在地上。王姊妹的腿斷了，我想為她禱告，就抱著她的腿，不住地禱告。第二天，我們要去田納西州一個地方玩，她不敢走路，我說：「我不是替妳禱告過了嗎？妳不要怕了，要相信主。」她就跟我們一起去玩。而她的腿也完全復原了，感謝主。

還有一位方姊妹，她身上開過刀，一身都是病。她的丈夫看她病成這個樣子，就不肯信主。一位陳姊妹介紹我去為她禱告，陳姊妹說：「這是真的，有一天我的脖子很難過，請辜媽媽禱告，就很舒服了。」方姊妹就要我為她禱告。一次，我們要去蘋果園摘蘋果，她不敢去，我說：「禱告過了，妳還怕什麼呢？神會醫治妳的。」於是那次她也玩得很愉快。後來她想送我一個紅包。

我說：「我為妳禱告是應該的，絕不收紅包。」

她說：「妳要回加州了，這是給妳喝茶的。」

我說：「不可以，禱告是神給我的使命，不能接受報酬，神白白地給我，我也要白白地給人。」

她說：「這不是報酬，只是表達我對妳的愛。」這樣我才勉強收下。

我替她禱告之後，她就一天天好起來。希望她的丈夫也能早一點信主。

隨到隨傳

紐約有很多從中國大陸來的人，我就向他們傳福音。我對他們說：「你們到美國，是來找工作，想過較好的生活。如果不信這位真神，就沒辦法有豐盛的生命，即使是身體健康，也不見得能快樂永久；因為這一切只有耶穌才能給你們，所以你們要信耶穌。」他們都很喜歡聽。

有一天我搭公車，旁邊坐著一個從中國大陸來的人，我對他說：「你一個人來美國，沒有親友，要去參加華人教會，才能交到好朋友。在外面交的朋友，都是不可靠的。」我又向另外一個人傳，那個人在大連作海關主任，他說：「太太，我已經相信了。」

我說：「很好！感謝主，祂要用你，你也要將福音傳給你的兒子。」

他有兩個兒子在美國讀書。我又勸他回到中國時，要向那裡的人傳福音。

另有一個王先生，我在馬路上向他傳福音，他想相信，我就要他去找華人教會。有兩個女子，在路邊談天，我也向她們傳福音，我說：「我有個好消息要傳給妳們，妳們大老遠來到美國，一定要信靠主耶穌。祂的母親馬利亞，沒有結婚之前就懷了祂，但祂並不是私生子，乃是聖靈感動馬利亞而生的，因為祂是為世人降世的神。

「祂三十歲開始傳天國之道，祂自己沒有罪。世人的罪太多了，罪的問題若不解決，將來就要受審判、下地獄，祂為了救我們，而被釘死在十字架上。祂被鞭打卻不說一句話，連那羅馬官員彼拉多都說祂沒有罪。

「祂來到世界是為了救我們，所以被釘死在十字架上，但是三天之後，祂又復活了，因為祂是神。我們如果相信他，罪就可以受到赦免，而得到永生。

「世上有一些善良的人和英雄豪傑，他們死了，有人把他們做成神像拿來拜，這是錯的。他們是人，不是神。我們一定要拜那位真神。只有一位真神，就是耶穌。」

她們聽了覺得很有道理，因為從中國大陸來的人，多年來接受的都是無神論，結果她們都信了。我就這樣向很多人傳，只要見到他們，我就傳；無論在什麼地方，我都是隨到隨傳。

地鐵特務

紐約不像洛杉磯，很少人自己開車，因為紐約市太擁擠了，沒有地方可以停車，一般人去上班，不是搭公車就是搭地下鐵。我在紐約常常搭地下鐵，再轉一次公車，到哥倫比亞大學那邊探訪一位九十幾歲的老太太，每個禮拜，我都做菜給她吃。坐地下鐵也可以遇見很多中國大陸來的人。

有一天，我旁邊的乘客在讀一份東西，上面有「北京」兩個字，知道他是從中國大陸來的，我就和他交談起來。我說：「你們出遠門的人，必須要有神的同在。你今天坐在我旁邊，正好神要我來向你傳福音，你的福氣很大。我這裡有一本我們教會裡的長者所寫下來、他們相信神的經歷和見證，我把它送給你，也要把福音傳給你。

「這位神是奇妙的神，你們在中國沒有聽見過耶穌是神，我現在就要告訴你，耶穌的出生很特別，乃是童女馬利亞所生，她沒有結婚之前，就懷了耶穌。她的未婚夫約瑟以為她不貞潔，就想把她休掉，神卻在夢中對他說，不能休她，要娶她過來，因為她肚子裡的孩子是聖靈感動而生的。耶穌的父親約瑟是木匠，耶穌從小很少講話，一直規規矩矩地做事，到了三十歲，就出來傳天國的福音。

「我們每個人都有罪，沒有辦法脫離這個罪，祂就來救我們，替我們贖罪，被釘死在十字架上。祂是神成為人身，一點罪都沒有，祂完全愛我們世上的人。祂死了，可是後來又復活了，使我們相信祂，罪可以得赦免，能有永生。

「美國有很多的博士、科學家和企業家，他們平時雖然都很忙，但是禮拜天都要去禮拜堂敬拜神。因為他們都相信這位耶穌，就是真神。你如果相信祂，就可以經歷祂，會有奇妙的感受。你會很喜樂，世界上什麼都比不上。」

我和他講了那麼多，到了四十一街，他該下車了，我也跟他一起下車。他提醒我說：「不對呀，妳不是在這裡下車的。」我就又轉回來，因為我要坐到最後一站，再轉一次地鐵。

還有一個女孩子，看來很友善，我相信她會聽我傳講耶穌的福音。向人傳福音，一定要有聖靈的感動，我才會去傳。我向這位小姐傳了之後，就下了車。沒想到她也下車在外面等我，我問她尊姓大名，她告訴我她姓吳，我叫她寫下來並給我她的電話號碼，我好為她禱告。後來我打了好幾次電話給她傳福音，她也信了主。

向遊客傳

有一次，我二女婿的三哥來到美國。他在台灣從事木工，工作十分辛苦，現在兒子長大了，大學畢業在當建築師；兒子想到父親一生辛苦，就給他三千美元，要他來美國走走玩玩。他就住在我二女婿的家裡。

那幾天，我二女婿身體不好，就由我來接待，帶他去拉斯維加斯玩，一路上我就向他傳福音，他也樂於接受。回來之後，我又要去紐約，他也跟我一起去，我帶他參觀帝國大廈和自由女神像。結束之後，又帶他參加旅行團去華盛頓，中午到了華盛頓，我們就去吃西式自助餐。

台灣人來到美國，都不愛吃中式餐飲，因為在台灣吃太多了，想換一下口味吃美式食物，雖然美式食物並不怎麼好吃。剛好有七、八個中國人也在那邊用餐，我就向他們傳福音。

我說：「你們來美國，想要做工賺錢，過較好的生活，要有平安，身體健康……如果你們不相信耶穌、未蒙祂祝福，生活就會很辛苦。你們未來的前途，你們自己不知道，但耶穌基督會為你們安排最好的，只要你們願意信祂。」

晚上去住旅館，我看到一對夫婦不會用卡式鑰匙，就告訴他們怎樣把塑膠片插進去，把門打開，然後就回到自己的房間洗澡。

後來，我又覺得這是個好機會，可以去向他們傳福音。但該找什麼理由呢？我就想，他們也許不知道怎麼用自來水龍頭，因為這是最新式的自來水龍頭，是左右和上下開動的，與國內旋轉的不一樣。於是我敲門問他們，他們告訴我已經知道怎麼使用了。

他們對我說：「我看您頭腦很清楚，身體硬朗，對人又熱心。」我就向他們傳福音，並講了很多見證給他們聽，足足講了半個小時才回到自己房間。我女婿的三哥，看我去了那麼久，就知道我又去向人傳福音了。

後來，我只要看到面容很和善的遊客，都去向他們傳福音，幾乎每個人都信了。

傳至美加

西元二〇〇四年，四女兒要帶我去夏威夷度假，她先由台灣飛夏威夷，我和三女兒從紐約飛加州，再和二女兒一家人一起飛往夏威夷。

我們到加州已經午夜十二點了，第二天早上九點鐘又要飛夏威夷。紐約和加州有三小時時差，再飛夏威夷，又有兩小時時差。四女兒在機場接我們時，我整個人昏昏沉沉的，感到很不舒服。

第三天，三女兒、四女兒和我三個人，清晨六點一起到海濱，此時風平浪靜，三個人就坐著唱了許多詩歌。我這兩個女兒都參加詩班，我也是詩班的成員，我們一起讚美神、禱告。禱告完了，我的精神才恢復過來，女兒都說：「媽媽，妳人活了起來了！」

我們在夏威夷時，參觀了珍珠港等地。我也向那邊一些朋友傳福音，對他們說：「今天你看我這麼快樂，是誰給我的？人給我的東西都沒有用，但是神在我心中，不斷地滿足我。我的喜樂不是表面上的，因為神與我同在。」

那年六月十九日，老四再次來美國；六月廿三日，我們就去加拿大的洛磯山脈旅遊。我們一群人中有四女兒和二女兒一家人，還有大女兒蔚藍。那地方很美，我們的遊覽車可以容納六十個人，但我們只有二十幾個人，大家玩在一起，和其他旅客就如同一家人一樣。

我隨時隨地向那些遊客傳福音，他們都說：「是的，這樣美麗的風景，都是上帝創造出來的。」後來這一車子的人，連同司機，全都願意相信耶穌，因為他們看見我是那麼喜樂，那麼有力量。

最後一天，我們去了維多利亞島，換了車子和駕駛，因為前面的那輛車子壞了，駕駛也沒有來。他們就給我一個難題：「辜姊妹，妳要禱告啊！因為新來的駕駛不認得路。」

我就叫大家一起禱告。這位駕駛先生，我看他也是基督徒，中午他帶我們去一家中國館子吃飯，說這家館子是他朋友開的，他們的台灣豬腳很有名。果然，那家館子的菜餚都非常美味，每道菜都被我們吃個精光。

那個駕駛看大家吃得那麼津津有味，就把自己的那一份也給我們吃了。他是個充滿愛心的基督徒，為人謙卑，不愛講話，然而他的行為卻把他的信仰全表現出來了。

賭城奇遇

有一次，我到賭城拉斯維加斯遊玩。那裡有一對姓陳的姊妹，都是護士，年紀已有七十多歲了，姊妹兩人都有疾病。妹妹的耳朵發炎，臉腫得很大，她去找了一位名醫掛號，可是必須排隊排很久。她痛得簡直不能活下去，一個多禮拜沒法睡覺。我去那裡的時候，她們十分需要有人代禱。

我對她說：「我來為妳禱告。」她們姊妹兩個人，都沒有結過婚，一切都要依靠神。我就為這個妹妹禱告：「主啊，她現在臉腫得這麼大了，不能吃飯、也不能睡覺，求祢醫治她。她們姊妹兩人都很單純，來到拉斯維加斯並不是為了賭錢。」

禱告之後，我們一起出去吃漢堡，我向店裡要了一紙包的冰塊，要她搗在耳朵上，再次為她禱告。我說：「主啊，從今天開始，祢一定要把她的痛苦挪去。」到了晚上十點鐘，她竟然能安穩地呼呼大睡，我就非常快樂。

後來她對我說：「從那天晚上開始，一直到醫生來替我看病為止，足足有一個禮拜的時間，我沒有再痛過。」是神醫治了她。

後來她姊姊長了一個大瘤要開刀，也要我替她禱告。我義不容辭為她禱告，開刀結果一切順利。

另外有一位姓梅的姊妹，她的腿有毛病，走起路來很慢。我為她禱告，她走路馬上就恢復正常了，她不太會講中文，只能講英文。她丈夫知道是神的醫治，非常高興，後來就信了主。

還有一位拉斯維加斯旅館老闆的母親，她的一隻腳有很大的問題，手裡拿著拐杖。有一天晚上，我抱著她的腳禱告，她也馬上就好了，把拐杖丟開不再使用。我在拉斯維加斯見到上帝許多奇妙的工作。

不分中外

我雖然英文不好，但神也用我為美國人禱告，反正我禱告是向神求告，只要神聽得懂就可以了。

二〇〇一年十二月一日，有一位美國弟兄，時常哭泣得很厲害，因為他遭遇一些不順利的事情，生活問題很多，心理壓力很大，大女兒蔚藍就要我為他禱告。

我為他禱告之後，二〇〇二年二月一日晚上七點鐘，我在教會又遇見他，感謝主，他的問題都克服了，高高興興地與我交談。上帝幫助了他。不久他結婚了，參加婚禮的都是美國人，只有我和蔚藍是華人。

又有一位美國牧師，他的心臟病很嚴重，已經開過刀，但是復健要二十萬美元。我不認識他，但我們教會的胡偉利牧師要我為這位牧師禱告。

那時候，我丈夫也生病了，住在病房裡，需要我的照顧，我特別抽出時間去為那位美國牧師禱告。後來有兩位姊妹加上我共有六個人一起去，進入那位美國牧師的病房時，他正在睡覺。他下床很不方便，如廁也困難，我就為他禱告。

禱告過後，第二次再去看他的時候，沒有見著他，我就問人那位牧師在哪裡，他們說牧師去上廁所。原來他可以自己去上廁所了，本來是幾乎不能下床的。

前一陣子，我們看見他已經完全康復，在教會繼續事奉主。感謝主！

數算兩代恩典

敬畏耶和華的，大有倚靠；他的兒女也有避難所。

——箴言十四章26節——

我靠著那加給我力量的，凡事都能做。

——腓立比書四章13節——

神的恩典

最近這幾年，上帝繼續讓我經歷祂奇妙的恩典。

二〇〇〇年，我住在加州大女兒蔚藍家，有一天我到客廳裡掛相片，相片掛得很高，我得站在一張小桌子上。我腿站疲了，旁邊是一部很大的電視機，我想應該可以坐在電視機上面，卻不知道電視機下面有四個輪子，是會移動的。我一坐上去，電視機就立刻移開，我坐了個空，整個人跌在地上，一隻手也跌斷了。我大聲喊著：「耶穌救我！」痛得幾乎昏過去。

然後我去看骨科，醫生給我照X光，發現手上的大骨頭和小骨頭都跌斷了，血管也破裂了。但奇妙的是，我禱告之後，在醫院裡就不再感到疼痛，也沒有上石膏，只用套子套上，沒多久，手就完全復原了，感謝主。

後來半年不到，我要考美國公民，為了方便就住在某姊妹的老人公寓裡。

有一天，我去菜市場買雞蛋等雜貨，又買了個大西瓜，背在背上回來，走路時，不小心把左腳扭傷了。那位姊妹的家裡沒有藥，我只好回家去看醫生，醫生說是骨頭斷了，卻沒有上石膏，只給我一個套子把腳套上，骨頭也很快就長好了。

某個感恩節前，三女婿的一個朋友要請我們吃飯，飯後上車準備回家時，我的一隻手還扶在車門上，三女兒沒有看見，就把門一關，把我的手指夾在中間。他們想，關門力道那麼猛，我的手指一定斷了，但我卻一點事也沒有。

女兒不相信，還對我說：「媽媽，妳不要騙我們好不好？」我對她說：「我為什麼要騙妳？明天我們家還要舉行感恩禮拜，要請客人吃飯，妳看我明天能不能做菜，就知道我有沒有受傷。」感謝神，那一天我的手指靈活，照常做菜。

有一次，有一隊歐洲學生來紐約訪問，我們家負責接待一個法國女孩。三女兒一早要去曼哈頓上班，所以由我來做飯，我怕她吃不慣中國菜，就想去買一條魚。紐約不像加州都是平房，紐約地方小，都是樓房，樓梯又陡，加上地板打蠟很滑，我不小心一跤滑下去，從九個台階上面一直滑到底下。

我坐在地上不動，心想這下子可好了，非重傷不可，可是我卻能自己慢慢地爬起來，只是屁股有點腫，小腳趾有點發青，但沒有受到內傷。當天晚上教會有禱告會，我不管傷勢，還是照常參加，結果也安然無事。

禮拜四有「天恩團契」，契友都是老年人。那天下大雨，女兒勸我不要去了，但我還是憑信心跑去搭巴士，只是風雨實在很大。「天恩團契」有位八十八歲的老教授，無奈他的兒子和媳婦不孝順，那次我特別裝了一大罐雞湯和牛肉湯送去給他。我也為教會一些弟兄姊妹們禱告，神一直看顧著我。

在加州時，我因為要考公民，必須去移民局辦理一道重要的手續，大女兒蔚藍開車送我去。途中我們不小心誤入旁邊一條特別快車道。這種快車道規定，車上一定要有三、四個人才可以上去，我和蔚藍只有兩個人，如果被警察發現了，定會受到嚴重處罰，可是為時已晚，沒有辦法再轉回普通車道了，我只有禱告，希望不會有警車過來。

好巧不巧，後面就有一輛警用機車尾隨過來。我們心想不好了，一定是來攔我們的，於是我不斷地禱告，那輛警用機車居然越過我們，一直往前開，並沒有停下來。

好不容易到了移民局，他們馬上就要下班，我們及時趕到辦理。事後回想，如果我們還留在普通車道，洛杉磯上下班時間車子都是大排長龍，一定趕不上。原來神利用我們的失誤來幫助我，實在是遠超過我的所求所想。

蒙福兒女

三女婿大學畢業後，和我三女兒結婚，因他姊姊的關係，小倆口移民美國。初到美國時，生活很辛苦，天天出去打工，頂著大太陽，站在紐約的馬路上，叫路人進店裡買東西。為了賺錢，他省吃儉用，購買家具，成立家庭，但後來患了嚴重的胃病，面色灰白，汗毛都聳起，身體瘦弱不堪。

我知道後，天天早晚為他禱告。有一天他說：「我自己也來禱告。」他跪下來十分誠心地祈求：「主啊，我已經相信祢了，我知道祢是全能的神，我要依靠祢，求祢在我身上，顯出能力來。」

這麼一禱告，他的身體就慢慢好起來了。他以前對我說：「您不要說

『吃飯』這兩個字，您一說，我的胃就痛了。」現在他可以吃很多東西，身體非常健康，常常出去打球，神愛他，親自醫治了他。

有一次，女婿帶家人去紐澤西老闆家過聖誕節，之後一家四口駕車回紐約。那天晚上下著毛毛雨，沒有路燈，車子突然失控，由右邊跳到左邊中央的黃線區域，幸好沒有撞到幾碼前的橋墩石柱，車子跳過去後就動也不動了。

那時是在郊外，沒有路燈，又沒有電話。女婿就對一家人說：「我們禱告看看。」於是全家人一起禱告。禱告完畢，女婿轉動鑰匙再試一下，車子竟然可以發動了，於是平安地開車回家。可是到了第二天，車子就再也發不動了。所以在急難中，你呼求神，祂就會來救你的。

又有一次，三女兒懷孕六個月時，出門不小心滑倒，一屁股坐在石頭台階上，造成尾椎骨折。然而蒙神保守，不但沒有流產，大人和小孩也都沒有後遺症。她後來常把兩個孩子帶到教會，孩子都是在教會中長大的。

兩個孫女也有美好的見證。在美國帶孩子是個很大的問題，因為這個時代，不再是男主外、女主內，而是夫妻都要工作，如此孩子就沒有人帶，但又請不起保姆。

我三女兒生下頭一個孩子的時候，就遇到這個頭痛問題。因為她在紐約曼哈頓的會計事務所工作，不能把工作辭掉，為了能找到人幫忙帶孩子，我們迫切地禱告。

她住的房子是三層樓，第一層租給一個西班牙人，第二層樓他們自己住，第三層租給一個香港來的商人。後來西班牙人要搬家了，房東刊登租屋廣告，報紙一登出去，我就禱告說：「主啊，我們需要有一個人住在樓下，能幫我們帶孩子的，如果不能的話，就求祢不要讓他來租。」

有個人從德州搬到紐約，他太太沒有工作，在家照顧五歲的孩子。他看了房子後很滿意，留下一百元訂金，我覺得神聽了我的禱告，就問那位太太：「能不能請妳再多帶一個剛生下來的女孩，你們住樓下，我們住樓上，很方便。」夫妻倆欣然同意，如此也可以增加一點收入，我的孫女就交給她帶了。

後來，三女兒又生了第二個孩子，那時我們遷居到另一個地方，孩子又找不到人帶。附近幾條街上，住的都是年紀大的美國人，不會有人來替我們帶孩子的，而在市場上遇到的東方人，不是韓國人、日本人，就是越南人，一直找不到適合的人選。

教會裡的古長老，有個兒子在當牧師。剛好古長老有個妹妹從中國大陸來，我就對古長老談起，能不能請她妹妹來幫忙帶孩子。古長老就說：「來，我們禱告好了。」

我對古長老說：「不好意思啊！她在幫妳兒子做事，我怎麼能把她搶過來呢？」

她說：「不要管這麼多，我們好好禱告，神自有辦法的。」

我們在地下鐵車廂中禱告後，她要我去問牧師的意思。我就問他：

「古牧師啊！您能不能把姨媽讓給我們一下？我的女兒找不到人幫忙帶小孩。」

他的姨媽住他家裡，平常也沒有什麼事情做，只要把窗子擦乾淨，而且牧師也沒有小孩。牧師就說：「我把她讓給妳是可以的，可是她年紀那麼大，沒有保險。我天天都在為她禱告，希望她平安，到了你們家，你們要天天為她禱告。」

我就說：「沒有關係，我和你媽媽會天天為她禱告，我相信她會很平安健康的。」

感謝主，後來這位姨媽就幫我們帶小孩了。她隻身來美國找姊姊，虔誠愛主，殷勤做家務事，也認真讀經禱告。她住在我們家幫忙帶孩子，每個週末回牧師家打掃，在牧師家住一晚，禮拜天聚會結束又回我們家。後來她在我們家足足幫忙了九年，一手把孩子拉拔長大。

另外還有一個神蹟。三女兒的第一個女兒妞妞，讀高中時，一天放學之後跑出去玩，也沒打電話回家，後來時間晚了還見不到人，一家人都很著急。那時候我在加州，三女兒一直打電話給我，要我為妞妞禱告。想到一個女孩子半夜在外面，沒打電話回家，紐約又有很多壞人，我擔心之餘只好拚命禱告。

那天妞妞不知怎麼玩得太晚了，身上又沒有帶手機，無法打電話回家，好不容易走到一個同學家後，擔心那家人都睡覺了，也不敢按電鈴。最後她在人家門口冷得發抖又尿急，一不小心碰到電鈴，裡面的人跑來開門，她同學趕緊接待她進屋，同學的媽媽也馬上打電話給我三女兒報平安。

還沒接到電話前，三女婿急得像熱鍋上的螞蟻，一向很少禱告的他，就禱告說：「神啊！聽說祢是無所不能的神，今天如果祢讓妞妞平安回家，我就信祢，請祢證明給我看看！」那時候，三女兒也跑到三樓，三樓窗子正對著街道，妞妞如果回來，她一定可以看得到。她跪在窗口禱告，沒想到跪下來不久，電話就來了，我女兒趕快去把妞妞接回家。

此外，三女兒的第二個孩子安安，常常半夜肚子痛，而且發燒，於是我迫切地為她禱告，禱告完，她一下子就不痛了，燒也退了。感謝主！三女兒一家，有許多蒙神眷顧的見證，說都說不完。

再說我的大女兒蔚藍。她是幾個兒女中最孝順的，也非常照顧弟弟妹妹，是我們全家最後受洗的，到四十五歲才結婚。

信主後，她很虔誠，無論發生什麼事，她都說：「感謝主。」她也常常出去探訪，每個禮拜三都參加英文查經班，回來後都會和我分享。

記得蔚藍一歲多的時候，曾經不小心跌到一盆滾燙的開水裡，如果她身上留下疤痕，我肯定會很難過，可是她卻連一點傷痕都沒有，皮膚還好得很，現在回想起來，這其實是神的保守。

那時候我剛生下老二不久，正在餵奶，我們家的水龍頭壞了，丈夫要去對面曾虛白先生的家裡提水。當年台灣都是用煤球燒爐子，燒水燒到晚上十一點，我先把一桶桶燒滾的開水倒進浴缸裡，丈夫又出去提冷水，就在這一刻，蔚藍就進熱開水裡。我嚇得趕緊把她提起來，她全身皮膚都裂開了，身子滑潤潤的，頭上都是燙傷的水泡。

那時已經半夜三更，我急得像熱鍋上的螞蟻，附近又沒有計程車。隔壁有一位陶貴材先生，正在家打麻將，我們就拜託他將孩子送去醫院。醫生替蔚藍包紗布，她身上包滿了紗布，竟然還跑到門口去撈別人家的小魚玩，真是個福大命大的孩子。

其餘兒女從小在困苦的環境中長大，然而都蒙神點點滴滴的帶領，不論在生活、就業、服事主，都有好的見證，也都很孝順。我相信，這都是神特別的恩典與眷顧。

返鄉行（一）

雖然我離開中國大陸已經四十多年了，但我的心始終沒有離開過故鄉長汀。即使我在長汀吃盡了苦，但是，我的父母、兄弟姊妹以及親戚好友都在那裡，讓我念念不忘；胡師杜雖然與我脫離了夫妻關係，但我和他生的一個兒子、兩個女兒，都和我有骨肉之親，這些年來我始終無法忘掉他們。

尤其是我的大兒子胡革中，我離開他的時候，他只有六歲，一直拉著我哭著說：「媽媽，妳不要走、不要走嘛！」每次想到這一幕，我都會流淚。他年紀那麼小，父母就離開他，無法享受父母的愛。

還有大女兒愛華，生下來一個多月就被婆婆送給別人當童養媳，她以後過的日子，很可能和我年輕時一樣辛苦。小女兒美華比較幸運，我把她交給我的外婆撫養，生活雖然苦，但不至於受到折磨，因為外婆是個慈祥的長者。

我不知道這三個孩子是生是死，如果他們還活著，是否肯認我這個不負責任的媽媽？再者我信主這麼多年，在海外不停地傳福音、為人禱告，卻沒為自己家鄉和親人的歸主做些什麼，所以我始終提醒自己，無論如何必須回中國大陸看看。

一九八七年，中國政府還沒有對台灣開放，我人在美國，美國和中國早已通航了，於是我從洛杉磯直飛香港，再由香港去廈門。只是我並未告訴我丈夫辜恩濃，我回去是想探望我在大陸生的三個孩子。

大兒子胡革中來接我，那年他已經是個四十歲的中年人了，兒女成群，竟然還肯來認我，對我非常孝順，讓我很欣慰。這些年來，他吃了不少苦，後來努力考取大學，但因為他的父母都在台灣，共產黨定他為「黑五類」，不許入學。他受不了打擊，一度患了憂鬱症，甚至曾有自殺的念頭。

我一見到革中，就向他傳福音，神的靈感動了他，他很快就信了，現在過得很平安。我的媳婦許榮華，在廈門是個女強人，非常能幹。革中的大兒子叫曉寰，女兒叫洵白，小兒子叫逸群，女婿是郵局局長，兒女、女婿都很孝順他。我就對他說：「你小時候雖然受了那麼多的苦，現在神回報你，給你兩個兒子、一個女兒和女婿，他們都這麼孝順。」我們一起回長汀，到了那裡，發現在我記憶中的一切都變了。

古老的房子已經拆除，換上了獨棟小小的磚房，原來窄小的街道也都拓寬了。孩提時代的長汀，早已不知去向，許多地方我都不認識，已經都發展得很現代化了。最令我想像不到的，就是長汀已經有了教會。

以前的長汀，連一個宣教士都看不到。可是長汀的教會還在萌芽時期，只有十九個人，坐的是長板凳，連一架風琴都沒有。據說這個教會是中國信徒自己建立起來的，因為西方宣教士早就被共產黨趕走了。

我對家鄉的教會很有使命感，每年聖誕節都寄錢回去。我到那個教會去，他們都很歡迎我，那時候還沒有電話，傳道人就一家家按門鈴，告訴他們：「藍大姊回來啦！」於是就有很多人來教會。

我上台時，他們要我講見證，我也唱了一首詩歌《奇妙的愛》。見證時，有不少共產黨員在旁邊，但是我不講政治，只傳揚神的道，他們就沒有加以干涉。有很多人都要我為他們禱告。

我第一次回到家鄉，非常光彩。自從大陸開放之後，共產黨政府非常歡迎歸國僑胞，統戰部部長、僑胞部部長和交通部部長都來迎接我、請我吃茶點。有一位毛巾廠廠長前來介紹他們的產品，還有電器公司和電腦公司。胡革中就在電腦公司做事，他們的廠長也來看過我。

回到家鄉時，從很遠的地方就聽到有人放鞭炮。那年，我的母親還健在，已經八十九歲高齡了，她沒有牙齒，看見我就說：「心肝呀！妳還活著！」便緊緊地抱著我。

想當年，我離開的時候，她不敢出來送我，只在門縫中偷偷看我走，當時不知何年何月才能再見面，感謝神，讓我們母女再相逢了，全家人在一起都很高興。我的七弟說起話來比較直一點，他說：「姊姊啊！妳可把我們害苦了。妳在台灣，共產黨把我們當作『黑五類』，文革的時候全被抄家！」

我包了一輛出租車從廈門一直開到長汀。這樣做本來很危險，但是有兩位高級幹部的兒子和我們坐在一起，所以不用擔心中途會出亂子。那位司機送我們回家鄉，足足開了十二個小時，他說他一生駕駛出租車，沒有載過像我這麼快樂的客人。他把我們送到長汀後，得空車再開回廈門，但即使車表上跳到人民幣六百元，他卻只收我五百元，對我特別友善。

教會裡有很多人一大早就來，要我為他們禱告。我兒子說，共產黨不喜歡有太多人來我們家，所以禱告一定要在教會裡。第一個禮拜，他們就到教會，大家唱歡迎歌，傳道人上台講了一段話，就把其他時間交給我。我在台上先講神的恩典，又唱了一首《奇異恩典》，唱完了，就開始為人禱告。

希望我代禱的人很多，傳道人指著一個青年說：「你要為這個孩子禱告，他沒有考上大學，精神崩潰，腦袋也不清楚了。」我就問這個年輕人，相不相信耶穌，他說他相信，我就為他禱告：「主啊！他太可憐、太貧窮了，求祢賜他力量。」我又問他叫什麼名字，他就告訴我。

一九八七年，家鄉的人都還很貧窮，許多人身上都有病，我就求神憐憫，一個個按手為他們禱告。禱告到中午十二點，人實在是太多了，禱告不完，我對他們說：「對不起，我的弟弟妹妹要請我吃飯，請你們下午兩點鐘再來。」我就去吃飯，下午回到教會時，又有兩三排人坐在那裡。

我發現我的皮鞋破了，就去街坊找師傅補鞋，那個皮鞋匠說：「太太，我看你們從台灣來的人都很有愛心。我的身體不好，生意也不好……」我就說：「那你快去教會，我在那邊可以為你禱告。」他很快地放下工作，趕到教會。我先為他禱告，好讓他回去做生意，但他卻要留下來，等我事奉完才離開。他就信了耶穌；對面還有一個皮鞋匠，我後來傳福音給他，他也相信了。

下午在教會裡，我又為他們一一按手禱告，結束後，我的親家母對我說：「妳為我禱告後，我的手和背現在都不痠了。」她的大姨晚上睡覺時，全身都發癢，無法睡覺，我替她禱告，她也好了。媽媽家對面有個鄰居，腳腫得非常厲害，鞋襪都穿不上去，我替她禱告，腳馬上就消腫了。

我和前夫所生的大女兒愛華，從小作別人的童養媳，長大後嫁到龍岩，後來因癌症亡故了。但大女婿和他的兒女們都來聽我講道，我為他們一家人禱告，他們家境後來都很好。「中華基督教會」一位陳弟兄，曾送了我兩本見證集，就被我女婿家拿去一本。

到了第二個禮拜天，有很多外地人特別坐車來，要我為他們禱告，我從下午兩點一直禱告到五點。但因為我只能離開美國三十幾天，這期間我一定要先去父親的墓地看看，所以再來就沒有去教會了。後來有位長老說：「有好多人來找妳呀！他們等到十二點多鐘才走的！」我告訴長老：「以後我還會再來。」

我和教會裡的同工們交通。教會的負責人是鍾長老，她一直在牧養這個教會。她有一隻眼睛不好，我迫切地為她禱告。

我那次回大陸，買了三件電器用品送給他們，也把照相機送給他們。回程的時候，經過廈門海關，問題就來了，因為我看教會那麼貧窮，把錢都給完了，只剩下三十元港幣，然而出境要付機場費，我卻不知道，海關也不肯收港幣。

我對服務小姐說，我只有三十元港幣，她回答：「不夠呀！太太，要九十元人民幣。」

我問：「那怎麼辦呢？」

她說：「隔壁有銀行。」

我告訴她，我什麼都沒有。她就跑上樓問長官，當時我就禱告：「主啊！我把什麼都給他們了，只剩下三十元港幣，他們說不夠怎麼辦？求祢幫助我，使我回去有好的見證。」

那個小姐下來又問我：「妳那架相機有沒有帶回來？」

我說：「沒有啊，他們太喜歡了，我也給了他們！」

她就說：「妳帶進去三件電器用品，多了一件是要打稅的。」我問她要多少，她說要一百三十多元。我說我連機場費都沒有，怎麼能繳稅，她又跑上去問，我禱告說：「主啊，祢一定要成全我！」

幸好，那裡的海關人員都很好心，每個人口袋裡一元、一角地拿出來，為我湊齊了不足的機場費，那架照相機的稅也免了，我才能夠出關，順利搭上飛機。

返鄉行（二）

一九八八年三月，我與丈夫、在台灣的四女兒和一位叔叔，要一同回中國大陸探親，這一次是要去我丈夫的家鄉湖南長沙。我們先到香港過一夜。

我在大陸的大兒子胡革中有同學住香港，但他家太小，不能招待那麼多人，於是我丈夫和叔叔就住在我兒子同學的家裡（我告訴他們胡革中是我「表哥」胡師杜的孩子），我則和女兒住進一間「金殿大旅社」的十二樓、四人的大房間。

我進去把窗子一開，一眼就看到對面牆上有「神愛世人」四個字，很是高興，心裡想有神的話語，神一定和我同在。

到了晚上，老闆娘告訴我：「辜太太，明天我丈夫想來看妳。」她的丈夫名叫林天賜，我說：「我又不認識妳丈夫，為什麼他要來看我？」她說她也不知道。第二天早上八點鐘我下樓，她先生已經來了，我就問：「林老闆，你來看我有什麼事嗎？」

他說：「我在家裡感覺很煩躁，心裡不安，所以想到旅館和妳談談。我請教妳，我開旅館是不是犯罪？」

我說：「只要你規規矩矩做生意，不要向人收太多的錢，就不是犯罪。」

他說：「我很需要妳為我禱告，因為我情緒不好，身體也不好。」

我說：「這個容易，我可以為你禱告。」我就為他禱告，他很高興。神再次使用我替祂做奇妙的工作。

到了湖南長沙，丈夫的親戚朋友很多，分別從北京、上海、崑山、湖北、廣州前來。大家歡聚在一個大客廳裡，有五十幾個人，我在大家面前傳講神的話和見證，足足講了四個小時。

有一個女人躲在人群後面，拿著聖經哭泣，我問她為什麼哭，她說：「我不知道，妳一講耶穌的故事，我就忍不住想哭。」年紀大的人，聽了個個點頭。有個青年人要我為他禱告，他說：「我不喜歡留在長沙，想到外地發展。」我就為他禱告。

我丈夫的妹妹，要我送她一本聖經，我只帶來小本的，就給了她一本，她要我簽名，她說她也不想留在長沙，要到外地去，神聽了她的禱告，不久，她就因工作被差派到廣州了。

還有些叔叔伯伯要我為他們禱告，說自己身體這邊痛、那邊也痛。我丈夫的五叔叔和嬸嬸，還有三叔都相信了耶穌。到了第三天，我們才去丈夫的父母墳前掃墓。後來我們去上海，坐的是臥舖車廂，車廂內四個自己人，兩個是外人，我就向他們傳講神的話。

在車廂中，我丈夫的妹妹說：「好無聊，也沒有聖歌可以拿出來唱。」我從口袋裡找出一首詩歌《因祂活著》，我們就一起唱，只唱了三句，就有一對美國夫婦，可能也是宣教士，帶著一個孩子到我們車廂，向我們一鞠躬說：「今天是復活節。」

我問美國夫婦要去哪裡，他們說去杭州。我問他們還回不回湖南，他們說要回去。我說感謝主，我向辜家那麼多人傳福音，卻不能留在那裡，無法作跟進的工作，希望把那些人都交給他們。我問他們：「我要叫我丈夫的妹妹和小兒子，以及我小叔十八歲的女兒來找你們，你是否可以多講一些神的話給他們聽，他們也可以向你學習英文？」他們欣然答應。

我們先在杭州停留，去遊歷西湖，我見到人就向他傳福音。後來我在百貨公司買衣服，專櫃的小姐送我一條鍊子，我回家戴了覺得不合適，第二天要去換一條，那位服務小姐見到成就說：「太太，不知怎的，我一見到妳就很喜歡妳呀！」

我開心地回應說：「真的嗎？這是因為我信耶穌的緣故，妳要不要聽神的見證呀？」

她說：「好！」

百貨公司的工作並不忙，於是又有三位服務小姐湊過來，我就說：「妳們好有福氣，喜歡我，我就和妳們分享神的恩典，妳們要抽空常常去禮拜堂。」

我向她們傳道之後，就去了上海，繼續向我丈夫在崑山的哥哥、嫂嫂傳福音，還有他的女兒和媳婦，他們也都相信。

我的二女婿，就是美華的丈夫張健一直陪著我，我也想見見我的親家母。但她說：「我是個孤單的老太婆，不好意思要辜太太來看我。」女婿也不贊成我去看她，但卻攔阻不了我，我就包了紅包和兩塊肥皂到她那裡。

這位老太太很可憐，她有個媳婦在當警察，不但不孝順，還常常打她。她早已經信主，看到我，就拿出聖經，在我面前痛哭流涕地說：「妳是耶穌差來的天使。我沒辦法自己出遠門，妳老遠從美國來看我，我太高興了！」

我說：「是神要我來看妳的。」

她說：「幸虧我到了教會，否則就沒有辦法再活下去了！」

她在這裡沒有人供養她，我的女婿又住在浙江蘭溪，無法把她接去照顧。幸虧她信了耶穌，教會有很多人會來探訪她。我離開之後，心裡一直有這個負擔，每逢聖誕節、春節，就寄一點錢給親家母。她平時也在替人家洗衣服，賺一點生活費。

我們又去了人民廣場逛。如果有人見到我，說我看起來和一般人不一樣，我就向他傳福音；如果他沒注意，我就不向他傳了。感謝主，因為有神的榮光在我身上，我向人們傳的時候，他若向我說：「我要和妳一樣呀！」我便說：「那很容易，你只要相信耶穌，跟隨祂、為祂做工、向人傳福音，就會和我一樣。」

我出門傳福音，有時會有人願意提供路費和飛機票，這些我都不要。雖然我年紀這麼大，但我不害怕、也不孤單，因為有耶穌與我同在，祂會給我健康的身體和足夠的力量。

返鄉行（三）

我第三次回中國大陸，是在一九八九年，那次不是去故鄉長汀，而是去看我的小女兒美華，她嫁給一個共產黨員，現在住在浙江蘭溪；還有我在台灣最小的兒子，正要去上海一家百貨公司工作，我也要去看看他。

我先從台北搭飛機去香港，旁邊坐著一位莊姓乘客，也要去上海，一路我就向他傳福音，我對他說：「莊先生，你在世界上，為了事業要跑很多地方，必須有神在你身邊才會安全，這位神就是主耶穌。」我把我的見證講給他聽，他就相信了。他把他太太和四個孩子的名字都寫給我，要我為他們禱告。他是做生意的，到了香港機場，我們一起下飛機，要轉東方航空的飛機去上海。

在機場，我先去洗手間，出來之後，他說他要去抽支菸，叫我先走到三十號的機門。香港的機場很大，去三十號機門要走很長一段路，可是接近飛機起飛的時間都還看不到一個人。後來莊先生也來了，我們就到櫃台問，才知道臨時改到十九號登機門。

我們拚命地跑，總算在機門沒有關閉之前趕到。這讓我想到，寄行李的時候，我並不知道臨時會改登機門，我帶了兩個行李箱，打算一個寄運，一個隨身攜帶，海關人員認為我的行李太大，不能帶上飛機，要求全部寄運。這是神所安排好的，祂預先知道我的登機門會更改，如果我拖著行李箱，就跑不了那麼快，也趕不上這班飛機了。

到了上海虹橋機場，我們一起下飛機，莊先生不知去了哪裡。我拿到行李後，慢慢走出來，卻沒看到我的小女兒美華和她的丈夫張健。

他們下午一點半來就到飛機場，機場有兩個出口，夫妻各站在一個出口上，我三點半鐘從機場走出來，卻看不到他們。我想，可能是交通太擁擠，等了一會兒，仍然看不到他們。

接近晚上七點，機場人員對我說：「太太，晚上這個地方不太安寧，妳還是去找一家旅館吧。」我就只好去找旅館，到了機場附近一家「金華賓館」辦手續，服務小姐帶我上樓，進房間時已經七點多了。我先唱了兩首詩歌，然後禱告：「主啊，今天只有我一個人在這裡，求祢與我同在，不要讓壞人來侵害我，求祢保護我。」禱告之後，心裡感到很平安。

那位服務小姐看到我禱告和唱詩歌，覺得我有點古怪，我就藉機向她傳福音，她就相信了。之後我下樓打電話找人，先打電話給教會裡一位司琴的姊妹，她是上海人，她說：「辜媽媽，這麼晚了，我沒有辦法來看妳。」

我說：「沒有關係，沈太太，等我需要的時候，再打電話給妳。」

我再打電話給辜恩濃的哥哥，他住在崑山，上海西邊的一個城裡。他說：「我也到處在找妳，我這裡到妳那裡很不方便，明天我叫孩子去接妳好了。」

問題解決了，我就向賓館裡三位服務小姐傳福音，還有一位韓國人和其他人，我也向他們傳，三位服務小姐都很高興地相信了，我就上樓拿巧克力，給她們每人一塊。

那天晚上，我睡得很舒服。隔天，辜恩濃他哥哥的孩子才把我接去崑山。我在福建的大兒子胡革中，知道我來了，覺得不放心，就打電話到辜恩濃他大哥的家中，才聯絡上我，我請革中和小妹聯絡。後來，小女兒美華終於來到崑山，把我接回上海。

她和女婿住在上海「老夫子賓館」，這個賓館比較便宜，他們就帶我在那邊住下。我在賓館裡常常坐電梯上上下下，美華就對我說：「媽媽，他們都說妳看起來和一般人不一樣！」我就說：「因為我是個傳福音的人，所以才和他們不一樣。」

美華帶我去人民廣場和先施永安百貨參觀。二十八日，我的小兒子從台灣來上海，女婿因為這次沒有接到我，覺得很虧欠，二十八日下大雨，他執意要去虹橋機場接我兒子。我說：「不必了，我兒子不認識你，恐怕又接不到。」他仍然要去。

後來小兒子到了虹橋機場，有公司的人去接他，我女婿撲了個空，淋了一身雨。我們到了一家飯館，希望晚上相聚，讓他們姊弟二人見見面，我就打電話到小兒子的公司，約他到餐館來。小兒子就這樣第一次和同母異父的姊姊見面。

這次我來看美華，她特地請了二十天假，把家裡的牆壁粉刷一新。女婿和女兒一定要我到他們蘭溪的家去一趟，我們坐臥舖火車，由上海到蘭溪，整整坐了八個小時。

臥舖本來是四個人坐的，這次卻坐了六個人。我對他們說：「時間那麼長，你們要不要聽我講耶穌的故事？」另外兩個客人就問我：「妳是傳道人，還是牧師？」

我說：「都不是，因為我相信耶穌，祂給我的恩典太多了，我要分享給你們所有的人。」我同他們一直講到清晨一點。

有一個人就問我：「妳到了蘭溪，會不會馬上走？能不能請妳來看看我母親，也對她講講？」我說可以。

我對女兒和女婿說：「你們以後一定要去教會。」

女兒就說：「媽媽，我工作好忙呀！」

我說：「不要說忙，妳那次回長汀掃墓時，妳覺得腰很痠，要我為妳禱告，妳的腰就不再痠了，這就表示有神，妳要相信祂。」

在蘭溪，我陪美華出去買菜，那邊的人都用特別的眼光看我，因為我一直笑容滿面，對他們都很友善。我對他們說：「我年紀這麼大了，還大老遠來這裡，是要說你們都認識真神。耶穌基督就是真正的神。」他們聽了都很高興地看著我。

三十日，我們又從蘭溪到杭州，又再坐八個小時的火車，我就傳福音給乘客聽，很多人就問我：「太太，我要怎麼禱告？」

我沒有帶如何禱告的單張，就只好用筆寫下來：「開始你要靠主耶穌的名，作神的兒女，你需要什麼就禱告但不可以妄求。求完了，就要奉主耶穌基督的名說『阿們』。」

到了杭州，我們去小館子吃包子，味道鮮美，裡面又有人說：「奇怪，這位老太太和一般人不一樣！」另一個人說：「她是個『老台』（就是台灣來的人）啦！」我到任何地方，神的榮光都在我身上。

我們還去岳飛墓，我在那裡又向兩位遊客傳福音，有五、六個人圍上來。究竟他們信了沒有，我也不知道，只有交給神了。

我說：「主啊，祢知道我傳給什麼人，我只能替祢撒種子。我希望連一個種子都不會被飛鳥吃掉，全部都能夠結果子。」我又在西湖邊向人傳。他們如果相信，我就為他們禱告。

後來我們又搭車去金華，有對夫婦坐在我們對面。那位太太就說：

「太太，妳在火車站門口時我就發現妳了。我對我丈夫說，我看妳不一樣，就想過來和妳一起坐。」我聽了就說：「感謝主，因為我有耶穌基督，所以妳看我才不一樣。妳今天能看到我，和我坐在一起，是很有福氣的。妳不認識耶穌，所以我要講耶穌的故事給妳聽。」我講過之後，他們就告訴我，他們姓王，並寫下名字給我，表示相信了，要我為他們禱告。

到了金華，我們到一個山洞遊覽，要彎腰走進去，裡面有瀑布和泉水。我一面玩，一面向人傳福音。從山洞出來後，我有點疲倦，就坐在一邊休息。有兩三個人站在我面前，一直看著我，他們說：「我們只是特別喜歡妳。」我就講耶穌的救恩給他們聽。

這次到大陸，我就這樣還了不少福音的債。同一天，我們又去著名的千島湖，這地方發生過悲劇，死了不少台灣人。當地人告訴我，有那麼多遊客被燒死，是因為他們一到當地，就去購買玉類等珠寶，戴在身上後上船，引起壞人起賊心來搶劫，把他們都燒死了。

我一到千島湖就跳上船去，小兒子跟在我後頭喊道：「媽媽，妳從這艘船跳到那艘船，太危險了！」但我一跑出去，也不知道危險，顧著遊覽風景。那島上有猴子園和鴕鳥園，非常漂亮。

小兒子在上海一家百貨公司做事，我來了，他堅持要陪我十九天。有一天，他的同事告訴我，他的腳有問題，我很擔心，就去問他。他說小時候打籃球，把左腳扭了，骨頭斷了一點，所以走起路來有點跛跛的。於是我每天在他睡覺的時候，抱著他的腳為他禱告。

我們去各地玩時，我的女婿會拿一根棍子給小兒子讓他拄著，因為他上山比較容易，下山腳就有問題，我為他禱告：「主啊，求祢醫治他，他是個很好的孩子。」後來再去其他地方玩，他都不需要用到拐杖了。直到今天，他的腳都沒有問題，這真是個神蹟。

返鄉行（四）

一九九一年，我第二次回到故鄉長汀。長汀地處偏遠，交通不方便，前後都是山，也沒有什麼特別好玩的景點，觀光客不多，但我是在那邊出生的，很希望每隔一年，都能回去探望一次。

我這次回去先到廈門，大兒子胡革中來接我，我就向媳婦和孫子傳福音，然後由廈門坐火車到龍岩，再從龍岩搭公路局的車子回到故鄉。

統戰部部長一看到我就說：「奇怪，妳上次回來到現在，已經好幾年了，妳還是老樣子！」我說：「因為有耶穌與我同在呀，我不會老的，就是這個樣子。」他們很想請我吃飯，卻沒有錢，但我已心領了。交通部部長還特別叫人送我去教會。

我上次回故鄉的時候，教會只有十九個人，現在已增加到二百多人了，地方不夠大，容納不下，另外還有三百人沒有地方可聚會。教會裡原來都是板凳，現在都改成靠背椅子了，又有人送來風琴和鋼琴。

上次遇見的皮鞋匠看到我很高興，他說：「謝謝妳帶我信了耶穌，我現在身體很健康。教會裡的人真有愛心，我向他們借二、三千元，他們都肯借給我。」我對他說：「你在修皮鞋的時候，也要向顧客們傳福音。」

我在中國大陸，不單單是用口傳福音，在金錢上，也讓他們看到我的愛心。有一位老太太去買紅棗，小販看到她的鈔票太爛了，不肯收，我就去買了送給她；別人向我借三塊錢，我就借他五塊錢。這次我回去，應酬很多，我的弟弟妹妹們輪流請我去他們家吃飯，足足有十幾天。

我回家時帶走很多東西，有兩個大箱子、一個大包裹，再加上一個小皮包，在香港要過磅的時候，海關人員看見箱子上有「耶穌愛你」四個字，就沒有過磅。

回程的時候，因為港龍航空公司的飛機誤點，機票上也沒有印電話號碼，只有早晨八點鐘飛香港幾個字。那天早上，我按時趕到機場，他們告訴我，飛機很早就飛走了。因為我住在旅館裡，飛機臨時改時間，沒有辦法通知到我。

他們問我能否搭隔天的班機，我說不能等，因為我只能在香港停留二十四個小時，否則就趕不上去台灣的飛機。他們就說：「那就沒辦法了。」但是我不肯走，就在機場一直等下去，他們說：「太太，妳不要再等了，飛機已經飛走了，妳再等也是沒有用的。」

我身上只剩下四十元，住旅館都不夠。機場對面只有一家簡陋的旅館，我勉強進去住，棉被髒得不能蓋，只有拿毛巾蓋到天亮。他們要我早上八點鐘再去看看，我八點過去，他們又說：「太太，要等到晚上了！」我只好叫胡革中去幫我借一點錢。他向一個好心的大學生借了八百元，讓我改搭中國民航的飛機。

飛到香港是禮拜一，我先住一天，仍然住在「金殿大旅社」；前一次經過香港時，老闆林天賜曾要我為他禱告。他的教會禮拜一本來是查經聚會，因為我到來而臨時取消，要我前去作見證，我就在台上分享在中國大陸的見證，由一位牧師替我翻譯成廣東話。

這一次，胡革中也跟我一起來香港，他說他從小到大，從來沒有看過這麼多人一起聚會。上次我為林老闆禱告，萬萬沒想到這次他會為我安排這麼大的聚會，真是神奇妙的工作。我就在香港住了三天才回台灣。

返鄉行（五）

我第五次回中國大陸時，海關人員都已經認識我了，下了飛機，就問我有沒有人來接，他們可以帶我到比較安全的旅館去住。但我兒子胡革中來接我，我便和他一起回長汀。

這次回鄉，正逢孫子結婚，喜筵共有四桌，有兩桌是年輕人。有一個年輕人希望我送他一本聖經，他像寶貝一般地把它藏在懷裡。我講神的道給這些年輕人聽，他們都很喜歡，就問我：「阿姨呀，妳明天是否再來？」晚上他們都不肯走，聚集在我房裡。他們都信了耶穌，並要我為他們禱告。

我又去看我的大弟妹，她病得很厲害，不能起身。她過去常常去廟裡拜拜，帶很多食物回家，我知道這些東西都是祭過偶像的，所以不吃。

我對她說：「我早就叫妳信耶穌，妳沒有聽我的話，仍然在拜假神。好，妳現在病得這麼厲害了，要不要信呀？」她說要信，我說：「我替妳禱告，妳必須真心相信；妳若不相信，我禱告也是沒有用的。」她的小兒子有一本見證集，我想他一定是看得很熟了。小兒子在一旁陪她，我就替她禱告，禱告之後，她馬上就可以起身，也可以走路。

我對她說：「從今到永遠，妳不要再去拜菩薩，只能信耶穌。妳看我年紀這麼大了，一個人還能跑來跑去。這力量是從耶穌那裡來的，你如果相信耶穌，也可以有這個力量和幸福，不是很好嗎？」我也向她兒子和媳婦傳福音，可惜他們都不夠虔誠，因為沒有人帶領他們。

我在家鄉傳福音後，一直不放心，我要知道他們信到什麼程度，所以常常去看望他們。那些年輕人，有一大群都信了主，我去為他們一個個按手禱告。教會主持人就對他們說：「要禱告的人都站在一起，辜媽媽要為你們禱告。」

回程的時候，因為有了上次搭機的不愉快經驗，這次我特別注意，就沒有發生那麼多困難了。在飛機上，我把握機會又向人傳福音。

返鄉行（六）

二〇〇四年三月十五日，我再度經過台灣到香港，搭中國南方航空的飛機去廈門。大兒子胡革中來接我，一起搭出租車到我孫子家中。他結婚之後就住在廈門，我在那裡住了一個晚上，第二天又和革中坐火車到龍岩。

大女兒愛華結婚之後住在龍岩，她已經因癌症去世了。她丈夫是個啞巴，再次見到我很高興，趕快要出去買菜，但是我們沒有時間在那邊吃飯，只好婉拒他的好意。

胡革中的女婿在郵局當局長，他的司機把我們送去長汀。由龍岩到長汀，一路上非常辛苦，都是山路，一山過一山，共有六座大山，快到長汀的時候，因為路上正在維修，車子一時不能過去，我們在路上等了兩個多小時，到了家鄉，已經是深夜了。

我住在胡革中家裡，大家都很高興地歡迎我。自從我一九八七年首度回鄉向革中傳福音後，他一直過得平安喜樂。我的親戚朋友，第二天都來看我，覺得我還是老樣子，看起來健康有精神。這一年，我已經八十歲了，還能夠橫渡太平洋回到家鄉，是因為我信了耶穌，是祂給我的力量。

我二十六日到長汀，二十八日是禮拜天，便去教會看看。教會裡的弟兄姊妹們，雖然老的都已經不在了，新的我都不認識，但教會負責人鍾長老仍然在那裡牧會，他們見到我都非常高興。現在教會裡有椅子、講台，有二十個人的詩班，也有鋼琴。很多年邁的弟兄姊妹們，一起為我唱歡迎歌。

那一天是一位陳弟兄來講道，講完之後，又請我上台分享神的話。我本來早就在美國預備好一篇信息「耶穌奇妙的恩典」，講的是約拿書，可是到了講台上，這些我都沒講，神臨時要我講別的；因為我看到弟兄姊妹們是那麼地渴慕，我就只講「神的愛」，講我過去的見證，分享在美國、台灣和中國大陸很多事情，經過無數的患難和死蔭幽谷，神愛我，陪伴我、帶領我，走過這麼多的苦難，祂將來還要再用我。我講完了，教會的人都很受感動。

有很多人要我為他們禱告。有一個女人，手上抱著孩子，對我說：「大姊、大姊，請妳為我孩子禱告，使他身體健康，讓我能把他平安帶大。」

我說：「妳要真心真意相信耶穌基督，永遠依靠神。每一次聚會，要把小孩帶來，在孩子成長過程中，讓他知道，他的神就是耶穌基督。」我就為她的孩子禱告，後來又有好多的人要我為他們禱告。

鍾長老已經牧養教會十幾年了，希望神繼續用她，我也為她禱告。然而還有一大堆人站在前面，我就同時為他們禱告，盼望那些不信的人，今天都能認識主。禱告完了，我就回家。

我的弟弟妹妹聽過我傳福音，他們也都信了。還有一位姓薛的小學同學，她一直不肯去教會，今年竟然去了教會，我對她說：「妳到教會裡，一定會交到好朋友的，妳能到教會，實在很有福氣。」

她對我說：「我看妳才是最有福氣的，人一點都沒有老！」

我說：「這一切的福氣，都是神給我的，我以前三次從妳家門口經過，妳都不肯跟我去教會，現在既然來了，感謝主，妳以後就不能再離開了，我們大家都很關心妳。」

到了禮拜一，我去馬路上走動，看到一些患病的，就為他們禱告，後來他們都好了，並且信了耶穌。有天我去理髮店洗頭髮，有些服務小姐沒有聽過福音，我就對她們說：「小姐呀！妳們一個個都那麼漂亮，不知道妳們有沒有聽過耶穌？」

她們都搖搖頭，我對她們說：「我是從美國來的，要把耶穌的救恩分享給妳們，講一點神的恩典和愛給妳們聽。」她們聽了都很高興。

我到哪裡都要傳福音，他們相信與否就不是我能決定的，但聖靈會親自動工，傳福音的人就只是撒種子。我到哪裡去都很奇妙，因我腦子裡只有神的恩典，一定要說出去；看到身體有病的人，會自動為他們禱告。

胡革中媳婦的父母、女婿的父母和我的親家母，這次都請客接待我，我也向他們傳福音，讓他們看到我是怎麼樣的人，我有神的榮耀在身上。四月四日禮拜天，我去教會，有幾個年老的弟兄姊妹要我為他們禱告。

一位老弟兄坐在我旁邊，是這裡的長老，一九八七年我第一次來的時候，他已經在這裡了。我對他說：「感謝主，願主多多使用你，你要好好地事奉祂。」

當天是一位女牧師講道，她看到我就和我握手。她講得很不錯，曾在福州和廈門受過訓練。她講完，大家又要我上台分享和作見證，我就再度分享神的話，唱了一首詩歌《我要聽主的聲音》，之後又為大家禱告，求神祝福這個教會。後來我們就一起領聖餐。

六日我就要回廈門，因為七日要搭飛機回台灣。本來胡革中已經買好兩張公路局車票，但他的大兒子，也就是我的長孫，在蒲田作局長，對我們都很孝順，就對他父親說：「明天我可以送你們去廈門，我剛好要去那裡處理事情。」事實上，他並沒有什麼事情，只是不願意我們母子坐公路局的車子，一路上辛苦顛簸。

胡革中的女婿也搶著說：「你的車子坐了不舒服，叫我的司機送他們去比較舒服一點。」兩人爭了半天，還是女婿佔上風，就由他的司機送我們去龍岩。因為他自己工作很忙，就拿了很多錢給司機，要他一路上務必好好照顧我們。

長汀到龍岩很不好走，這位司機個性忠厚，就說：「辜媽媽，世界上一切不好的路，妳都已經走過了，現在這一條是世界上最爛的道路。」是的，感謝主，世界上所有苦難我都已經歷過了，最不好的路也只剩這一條了。這條路沒有修好，車子開過去東甩西甩、上顛下簸，將來鐵路造好，我就不再有機會走了。由長汀到龍岩共開了五個小時，司機還問我有沒有腰痠背痛，替我按摩。

到了龍岩，我們住進旅館，也就是來的時候住過的。胡革中和大女婿預備了天津鴨梨、花生米、荔枝招待我，這邊的自助餐也比台灣、美國都好吃，因為全是家鄉風味。吃完晚飯，大女婿帶著他兒子和女兒到旅館，送了按摩器給我，大家歡聚一堂，都很高興。

我的大外孫下個月就要結婚了，我包了人民幣三百元紅包送給他們。他們說：「外婆啊，妳不要給我們什麼，妳年紀這麼大了，應該我們孝順妳才對。」

我說：「你們孝順我很好，但我這點心意乃是愛的表示，不算什麼。」

我廈門的親家母也來了，她過去聽我講神的恩典很高興，現在她已經去了教會，她說：「只有耶穌基督，才會給我們快樂。」

我送了她一罐維他命丸，她包了一個紅包給我，我還給她，說只希望她好好地跟隨主，身體健康。

我的小外孫，就是大女婿的小兒子，跟他不能說話的爸爸不同，他很會講話。

我說：「你真是一個瀟灑的男孩子。」

他就說：「像外婆。」

我說：「你真會講話。」

他說：「像外婆。」

我說：「你真聰明，我說什麼你都能回答。」

他還是說：「像外婆。」

我說：「你真能幹，現在作了經理。」

他說：「因為外婆替我禱告，我才會有這份好工作。」

他剛結婚沒多久，妻子非常漂亮，我就對他說：「因為你相信耶穌基督，神給你都是最好的，一下子就作經理了，又娶了這麼漂亮的太太。」

他就說：「這都是外婆幫我禱告來的。」他什麼都說是外婆，他那啞巴父親就在旁邊不住地點頭微笑。

我就說：「感謝主，今天雖然你媽媽不在世上了，你爸爸又是啞巴，但你們都這麼懂事孝順，你媽媽也該滿意了。」我那啞巴女婿也拚命點頭。

我很高興能和大家分享神的愛，以神的愛去愛別人是多麼地美好，那些不信主的人，都會受感動而相信。我們一生中，要效法主，把神的道活出來。

第二天，司機駕車帶我們去廈門。由龍岩到廈門，還有一段很難走的路，可是一到漳州，公路就好多了，很像美國的公路。

到廈門，我們在旅館過了一個晚上，第二天司機就把我們載到機場。

在廈門短短的時間，我的孫媳婦和小孫子也特地請假來招待我。他們一家人都很能幹，很會做菜，各顯所長，讓我享受到美味佳餚。

我對兒子胡革中說：「感謝主，你過得很好。一九八七年你信了耶穌，你看，現在神給你多大的恩典，大的孫女在福州心臟開刀順利，媳婦、兒子、女兒都這麼孝順。神把那最好的都給你了。你已經退休了，身體還是很健康。現在在教會裡事奉神，又參加詩班，真是太好了！」他也頻頻點頭。

胡革中一路送我到機場。上了飛機，我坐在前面，有一對夫妻和我坐在一起。我對他們說：「有一次我搭飛機時，把位子讓給一個人，自己坐到前面去，就向一對夫婦講耶穌。今天神又把我帶到你們身邊了，你們真有福氣。」

那位太太說：「我們本來不是坐這邊的，看見妳一個人坐，就過來陪妳呀。」

我說：「感謝主，今天神要賜福給你們，所以才會讓我和你們坐在一起。我可以把神的恩典講給你們聽。」

後來，空中小姐拿單子來要我們填字，我的視力不好，沒辦法填，他的太太替我填表格，我就開始向那位先生傳福音。我講完之後，那位先生就說他相信了，我牽著他的手和他一起禱告。他給我一張名片，上面印著「李清源」三個字，也把他三個孩子的名字抄給我，還問我在美國的地址，我也寫給他。

我問他是否要來美國找我，他說：「不是，因為妳人太好了，很有愛心，我想打電話向妳問安。」他的太太也很高興。我說：「現在開始，神將要賜福給你們。」

第五部

盼望在天

照著我所切慕、所盼望的，沒有一事叫我羞愧。只要凡事放膽，無論是生是死，總叫基督在我身上照常顯大。

——腓立比書一章20節——

辜爸回天家

丈夫和我一起在美國生活了二十幾年，我們過得很快樂，他也和我到處旅行與傳福音。他在台灣時，曾患過腦血管堵塞，台大醫院林憲醫生給他開了藥，他吃下去就好了，在美國這些年來，身體一直都很健康。

幾年前，他腹部左邊有一個血瘤，檢查出來有三公分多，要開刀，我就為他禱告。不久他感冒了，不停咳嗽，咳嗽一振動，瘤就會變大，後來這個瘤就擴大起來了，連帶造成無法排便的問題，他就很著急。

有一位在比佛利山莊醫院的郎大夫，很關心我丈夫的病情，看到他的情況，就問他：「辜先生，你現在可以開刀了嗎？」一提到開刀，我丈夫就很害怕，而在比佛利山莊醫院開刀，只需要出三分之一的費用，但他就是不肯。

後來他幾乎無法排便，灌腸也沒有用，去看腸胃科醫生，用了種種方法仍然無效。最後送他進醫院，一檢查下來，他的瘤已經有七公分了，隨時都可能爆開。

醫生就問他：「你如果要它爆開，就不要開刀；不要它爆開，就要開刀。可是開刀會有併發症，腎臟、心臟等病都會出現。」我丈夫就表示願意接受開刀治療。

由於他的病情嚴重，雖經醫護人員的努力，最後還是蒙主恩召。丈夫去世，全家人都很傷心，他才七十五歲。

過去中國人說：「人生七十古來稀。」摩西也說：「我們一生的年月是七十歲，若強壯，可以活到八十歲。」七十五歲算是長壽的了。可是幾十年來，因為醫學發達，人類壽命延長，活到八十歲的人很多，像我就是一個。活到九十歲、一百歲的也大有人在，七十五歲算是短了一點。他的追思禮拜，在羅蘭崗的恩雨堂舉行，有二百多人參加。

我和他在一九四八年結婚，攜手共度了四十八年。在這段歲月裡，我們相親相愛，同甘共苦，他是神特別賜給我的伴侶。我被前夫遺棄後，正在危難之際就遇見了他，真是「塞翁失馬，焉知非福」。如果遇到別的男人，就很難保證了。

今天在世上，壞人多過好人，辜恩濃卻是寧可自己受欺，也不和人爭的正人君子。他的品行如詩篇十五篇第2節所說，就是行為正直、做事公義、說實話的人。他一生為了幫助別人，讓原本富有的生活變得一貧如洗，受苦不說，還把冤屈都藏在心裡。但是神也賜給他六個孝順的兒女，四個在美國定居，兩個在台灣，他自己也在美國享受到多年的舒服日子。

我惟一對他虧欠的地方，就是始終沒有主動讓他知道我的祕密：我已經嫁過一個丈夫，有了三個兒女。這件事一直到他過世，我都沒有告訴他。

瞞著他是我永遠感到不安的一件事，但那時候我太年輕、孤苦無依，並且還沒有信主；但我也相信他一定會原諒我，因為我瞞著他，是因為愛他，怕失去他。如果沒有他，我也不會有今天。

我們基督徒沒有「生離死別」這回事，他正在樂園過著好日子，將來有一天，我也要去那個地方和他相聚。

我真巴不得現在就能和他一起去，可是神還留我在世界上，有很大的使命託負給我，希望我為主傳福音，救人靈魂和為人禱告。

人生短暫，我現在也已經八十多歲了，但我服事時依舊滿有喜樂，我要把握光陰，勤做主工。

※　※　※

若有人在基督裏，他就是新造的人，舊事已過，都變成新的了。一切都是出於神；他藉著基督使我們與他和好，又將勸人與他和好的職分賜給我們。

——哥林多後書五章17–18節

辜媽媽本為舊時代禮教下的犧牲者，歷經時代動亂、婚姻不幸與顛沛流離，卻因著遇見耶穌有了徹底的改變。神揀選辜媽媽成為福音的使者、貴重的器皿，辜媽媽也以單純的心大力回應。辜媽媽不僅嘗到福音的好處，親身體驗神如何化咒詛為祝福，賜給她全新的人生；並且處處傳報佳音，使人蒙福。在辜媽媽身上，我們真實地看見「新造的人」展現的使命與光彩！

第六部

心靈交流

你們要稱謝耶和華，因祂本為善；祂的慈愛永遠常存。

——詩篇一〇七篇1節——

蒙福的媽媽

耶和華的眼目看顧敬畏祂的人和仰望祂慈愛的人。

——詩篇卅三篇18節

記得一九八八年四月底，我在廣州參加第六十四屆中國出口商品交易會，媽媽從長沙回台灣路過廣州，我們事先約好在廣州相會，五月初一同去了香港。我住在香港北角英皇道同學家裡，媽媽住在不遠的旅館。次日早上我去旅館，媽媽剛起床，打開窗戶一眼望去，映入眼簾的，是矗立在對面大道旁、巨大的紅色字樣標語——耶穌說：「我就是道路、真理、生命。」媽媽在窗前久久凝望著，感到非常欣慰，臉上綻放出燦爛的笑容，高興地對我說：「主耶穌時刻在我們身邊看顧我們，仰望祂的人是蒙福的。」那時我對基督教還很陌生，然而，每次在與媽媽相聚的時光裡，媽媽總是讓我分享她倚主蒙福的豐富人生，那一幕幕悲喜交集、迴腸蕩氣的故事，扣人心弦，同時也彰顯主的榮耀，感人至深。

我六歲那年，媽媽傷心地離開了我，因為她在老家受了太多太多的苦難，那些傷痛，是刻骨銘心的。感謝神，讓我們又可以在離別四十年後再重逢，同時把主的福音帶到我的家中，讓我們來到神的面前，仰望祂、信靠祂。此後我漸漸地接近神，在受洗後十多年中，感謝親愛的上主，淨化了我的心靈，充實了我的精神，美化了我的生活，為我的人生增添許多美善；因著依靠神的恩典，我不再有悲傷和沮喪，我的工作和家庭順暢和諧，兒女們對社會也有所貢獻。

我的媽媽除了有一般母親的共性之外，另又是非同一般意義的母親；因為我的媽媽是一位至為虔誠的基督徒，信仰上帝、心有所依靠的人。她每天早晚和飯前堅持禱告，熱情參加唱詩班及教會一切活動，事奉主、讚美主；同時很熱心地廣傳福音、作見證，為他人禱告。她的愛心像大海一樣寬闊，她不但愛自己的親人，也愛世人，甚至去愛曾有愧於她的人。她心中被聖靈充滿，心地善良、純樸、熱情、執著，令人感佩不已！

她凡事包容、凡事相信、凡事盼望、凡事忍耐。她的坎坷經歷是可以寫成一部很精彩、很戲劇、很傳奇的小說，她得著上主的力量，在逆境和困惑中頑強地展示出基督徒的人格魅力；猶如盤根於峭壁之中、挺立於峰崖之上的黃山松那樣美麗堅強，讓我從中深深感受到一種偉大精神和無比頑強的生命力，雖然歷經風雨滄桑、雷霆風暴，卻依然永保青春。

蒙福的媽媽，我愛你！從心靈深處。

胡革中

二〇〇七年八月十六日

於中國福建省長汀縣

藍大姊真好

藍復春大姊是中國福建省長汀縣東門街人，祖上開設「藍玉森日館」享譽閩西、贛南，每年編印出版的《農家曆》暢銷各地，是中國傳統的拜偶像家庭。可是，上帝卻揀選呼召她成為虔誠的基督徒，正如當年上帝呼召信心之父亞伯拉罕一樣，離開那拜偶像地方。她的一生充滿著上帝奇妙的救贖恩典，無論到哪裡，就把福音的種子撒到那裡。她傳福音都是說她自己蒙恩的親身經歷，所以她作的見證真實可信、感人至深，而且充滿生命力。凡聽了她作見證而得救的弟兄姊妹，都說藍大姊真好！

藍大姊雖然在海外定居多年，但她有濃厚的故鄉情，特別關心長汀教會的福音事工。當她得悉長汀一九八六年已恢復禮拜時，懷著感恩的心，喜出望外地為長汀教會的復興恆切禱告，並求主耶穌恩准她能回故鄉傳福音作見證。神果然垂聽了她的禱告，一九八七年十一月，神帶領她平安地回到了久別的故鄉。她與兒子、媳婦全家人一見面，就向他們傳福音，講述她多年來如何得享神的恩典。聖靈大大地動工，她兒子媳婦全家當下即被恩感，決志信主，她的兒子參加了教會唱詩班事奉神。

藍大姊在見證中說到，她在五十多歲時曾患過直腸癌，當時醫生對她的病診斷說，即使手術成功，也需要使用人工肛門，以後排泄物要裝置漏罐（人工造口袋）；但她相信神會在她身上施行神蹟。於是，她虔誠禱告，非常坦然地把自己交託給神，相信神對她的疾病一定有美意。果然手術非常成功，而且不必裝人工造口袋，奇蹟出現了！神大能奇妙的救贖恩典在她的身上彰顯。

她雖然八十幾歲了，身體健康、精神煥發、心情愉快，無論乘坐國際航班或乘坐長途巴士都很適應，常在世界各地旅遊，所到之處，每時每刻都向同行者傳福音，講道聲音宏亮；她待人真誠、友善、熱情，無論是熟人或生疏者都很喜歡她。一切榮耀歸於主。

藍大姊雖然不是專職的傳道、牧師，但她很愛長汀教會，每次回到故鄉，都把長汀教會的事視為第一要緊的事，要教會安排時間讓她作見證、傳福音。神也大大地使用了她，每次聽了她見證、講道以後，很多前來慕道的新朋友，都圍著要求她為他們決志信主禱告；有些身體軟弱有病的，經過她的禱告，都奇妙地康復。

長汀教會的負責同工鍾頌三長老，年輕時眼睛高度近視，大學沒唸完就得休學，藍大姊十多年來為鍾長老的眼疾恆切禱告，穩住了她的眼疾，使她堅持到現在，還在教會事奉。

長汀教會座落在汀州鎮人民巷，周圍都是異教和拜偶像的，左右近鄰沒有信徒，藍大姊來長汀教會看到這種軟弱的光景，便為此事禱告。奇妙的事出現了，前年有一位叫謝穎如的老婦人，也是八十多歲了，她住在教堂旁邊，是藍大姊初中時期的同學，於是藍大姊不辭辛勞，親自到她家傳福音、作見證，而謝穎如原是天天都燒香拜佛的，聽了老同學的蒙恩見證，當即接受主，她表態說：「明天我就去做禮拜。」後來她受洗成了我們教會的姊妹。

長汀教會與藍大姊真有魚水之情。自從藍大姊和長汀教會有聯繫以後，每年的聖誕節前後，她都匯錢來奉獻，支援教會聖工的開展。特別令人感動的是，藍大姊每年對長汀教會奉獻的錢，是她從生活費節儉出來的。長汀教會的弟兄姊妹很受感動，一提起藍大姊，都異口同聲地說：「藍大姊真好！」

鄭友清
二〇〇七年十一月廿七日
中國福建省長汀基督教會

一位值得敬愛的老姊妹

在我個人的印象中，辜媽媽是充滿喜樂的人，人人見到她都會喜歡她，她也確實有這樣的生命見證，今分述如下：

（一）常常喜樂

她非常關心人們靈魂的得救。她老人家每到一個地方，都是笑口常開，見到人就講「耶穌愛你」的好消息，且是常常喜樂，而她常常喜樂的祕訣，乃是有「不住禱告」的生活。

（二）不住禱告

每天在她個人靈修的時候，總是在耶穌面前有非常親密的靈交，並不住地為每一個失喪的靈魂代禱。

（三）凡事謝恩

她每次向眾人作見證，或是述說她如何勝過一切難題時，總是說：「感謝主」，從她每一天的生活中，都表現出「凡事謝恩」的心態。

據我個人的觀察，辜媽媽之所以能行上面三項神所吩咐的旨意，是因她有以下值得我們效法的地方：

（一）她從不為自己設想

她總是有關心他人靈魂得救的心和行動，從不會想到她個人的得失。她常幫助那些在物質上有缺乏的人，並且有傳福音的心志，常作主在她身上所成就的見證。因此，多年來她常去台灣、大陸各處傳福音。

（二）為主而活

二〇〇七年六月，她心愛的大女兒蔚藍，在短短可數的日子裡被主接回天家，息了在世上的勞苦。她與蔚藍相處五十多年，在傷心不捨的情景中，她卻說：「我和女兒相處五十多年，親情比海更深，傷心不捨得的心情，作父母的都能體會。幸虧我們是神的兒女，知道女兒到哪裡去了，想到她去的地方乃是天國，是到了更美、更好、有永生的家去了，就值得安慰。」

她還說：「我只想到我的身體已獻給主作活祭，我仍要到各處去傳講主耶穌救人的福音。

「我要靠主剛強壯膽，不再憂傷、不懼怕，不被大風大浪沖倒，我求神的靈繼續充滿我，也充滿每一個人，願神賜福給每一個人，阿們。」

從辜媽媽的家世來看，他們是書香門第，為人忠實、良善，教導子女有方。俗語說：「有其父母，就有其兒女。」辜媽媽的兒女也是良善、忠心愛主、事主，可見辜媽媽為兒女們的禱告是有果效的。我們真羨慕辜媽媽的兒女們，有這樣一位令人敬愛又值得人仿效的母親。願世上所有的基督徒都能從辜媽媽的臉上、身上、心裡及她的愛心上，經歷到「主耶穌真好」。我要常常看見辜媽媽的笑顏常開。阿們！

李約翰
二〇〇七年八月
旅美牧師於紐約

出埃及

二〇〇七年八月八日當我靈修時，讀到有關摩西出埃及的經節，默想摩西無法決定是否要「生在埃及」，但「離開埃及」卻是他所能選擇的。這項選擇，改變了他自己的命運，也改變了整個以色列民族的命運。

其實，在我們生命的歷程中，也不時有「埃及」的出現。我的母親從家鄉隻身出走，也是一種「出埃及」的選擇，從此改變了她的一生。聽見母親的自述，深覺我們的上帝早已揀選了她，並為她安排了全新的人生，至終苦盡甘來，滿有主的恩典與見證。

在她的一生至今，有許多難關與考驗，當體會到主耶穌是這麼愛她時，她對主耶穌的回應也是這麼積極，並立即有行動。她倚靠主、事奉主，傳福音、作見證是如此勇敢又自然。她常向主立志要作代禱勇士，並且真的在每天早晨來到主面前，迫切地禱告一兩個小時，且數十年未曾間斷。

母親對主的忠心、對人的愛心，以及勇敢傳福音、事奉主的心，真值得我學習！

※　※　※

我愛我的媽媽，二〇〇七年五月間，我陪同媽媽第七次返鄉，那年她已八十二歲了，但仍有一個心願——在她有生之年，再一次傳福音給她尚未信主的弟弟妹妹們，並再前往心中所繫的長汀教會作見證，為人禱告。然而返回台北，才得知在美國加州的大女兒蔚藍患了重症，於是提早於六月三日趕回美國，沒想到，六月四日我的大姊便突然病逝，這對媽媽打擊非常大，也令媽媽不能明白，因媽媽頓失生活上最大的倚靠，每個人都可體會到這樣的傷痛。然而她心雖痛，卻也順服神，她說：「在我年歲老邁的時候最需要她為伴，結果主耶穌更喜歡她，就把她接回天家了。」

這是媽媽生命中又出現的一個「埃及」，這十個月來，那份傷痛與不捨是難免的，但經過十個月的調整，她也走了出來，她說自己要好好地過日子，不要再沉浸在傷痛裡，要將懷念大姊的心交給神。

由於大姊發生的事，媽媽對兒女們更加愛護，殷殷期盼我們大家身體健康，生活作息正常；在媽媽心裡沒有一絲壞心思，她是如此善良、大有愛心，並且愛每一個人，不但愛兒女，也愛別人，甚至愛得罪過她的人。她愛主、敬畏神，再一次在主面前求神使用她，並且還要繼續傳福音，立志一生都要作個禱告勇士，為主擺上。

我為了擁有這樣一位不畏艱難，一生愛主、事主的媽媽感到光榮。因她是那麼樂意事奉神、傳福音又為人禱告。

祈求神施恩憐恤，賜給媽媽多一點年歲，來為主發光、見證主。

韋蔚琳

二〇〇八年五月十日母親節前夕

於台北淡水

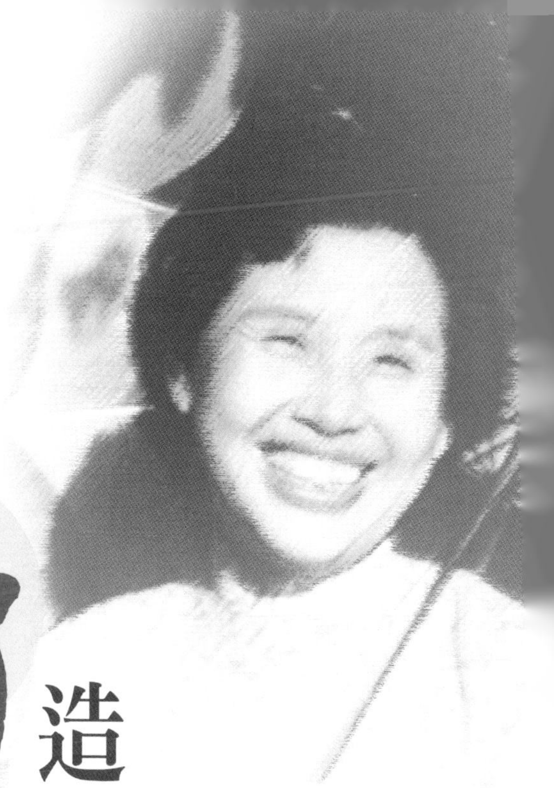

新造的人

從流淚谷到喜樂泉

上：1946年藍復春（本書主角）與第一次婚生的長子胡革中（六歲）及長女胡美華（二歲）於離開長汀前合影。

右：藍復春22歲時與辜先生結婚所拍攝的的婚紗照。（1948年）

上：藍復春與夫婿韋先生於1950年代的合照。

下：韋先生、藍復春與四個女兒合影。（1957年）

上：韋先生是久聯建築師事務所工程師，正在家中繪建築圖。（1960年）

左：藍復春在台北烏來留影。（1965年）

上：1978年聖誕節，藍復春在中和的教會與年輕人合影。

下：1980年代辜家於台北家中舉行感恩禮拜。

上一：1988年4月3日辜先生的妹妹（左二）陪同辜先生（右二）、藍復春（左三）至上海與闊別四十年的大哥（中）團聚。

上二：1988年第一次返中國大陸時，藍復春（右二）和小姑（右一）在長沙往上海的火車上，遇見長沙的宣教士一家，藍復春很高興地將夫家信主之事委以關懷跟進。

右：1990年代移民美國加州後，藍復春家中經常舉行感恩禮拜，親手烹製佳餚招待牧長與弟兄姊妹。

下：1990年藍復春在美國加州葡城第一浸信會華語福音堂參加聖誕獻詩。

左：1990年代藍復春（前排右）和大女兒蔚藍（後排中）在羅倫崗教會與吳勇長老（前排左）及曾鎮藝牧師、（後排左）師母（後排右）合影。

下：1992年辜先生和三女兒在加州家中後院合影。

上：1996年7月13日辜先生安葬禮拜，四個女兒隨伺藍復春左右。

下：2000年藍復春在加州葡城第一浸信會華語福音堂作見證的神情。

上：2003年藍復春在長汀教會與會衆一起領受聖餐。

下：2004年藍復春與女兒們至美國拉斯維加斯看五黑寶合唱團演唱，演唱會後和團員合影。

上：2004年藍復春參加加州華人聯合浸信會的聖誕話劇演出。

右：2005年藍復春手臂骨折，仍不忘參加詩班讚美神。

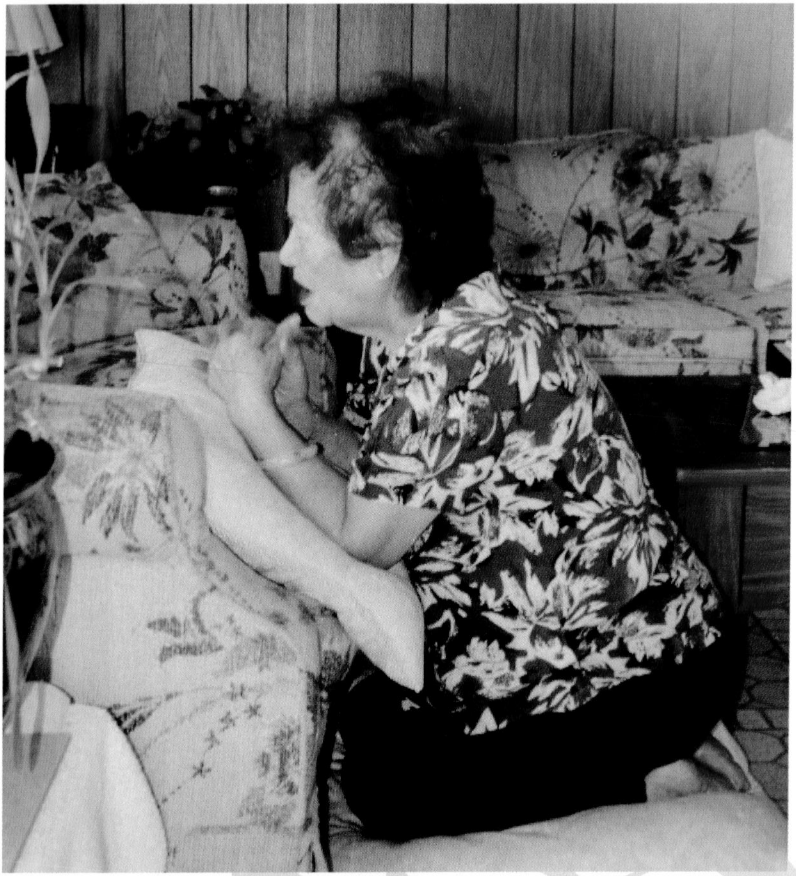

上：藍復春每日晨禱一兩個小時，數十年不中斷。

左上：藍復春2007年5月返中國大陸時在廈門晨禱。

左中：藍復春故鄉福建長汀的街景。

左下：藍復春在故鄉的長汀教會為有需要者禱告。

左上：藍復春主日於長汀教會作見證後與教會傳道人合影。

左下：藍復春返鄉時於前夫胡家大門口留影。

上：藍復春與大兒子胡革中全家團聚，四代同堂樂融融。

下：藍復春為失散多年的大兒子胡革中生日祝福。

上：藍復春回長汀老家向妹妹及弟媳們傳福音。

下：藍復春為長汀教會小弟兄病重的母親禱告。